Potsdamer Studien
Band 8

D1692469

Dagmar Jank (Hrsg.)

Die Nachlaßerschließung
in Berlin und Brandenburg:
Probleme und Perspektiven

Protokoll einer Tagung der Fachhochschule Potsdam
am 25. Juni 1997 zum siebzigsten Geburtstag
von Friedrich Beck

Verlag für Berlin-Brandenburg
Potsdam

Potsdamer Studien
Band 8
Schriftenreihe der gemeinnützigen Gesellschaft für Fortbildung,
Forschung und Dokumentation (gGFFDmbH), Potsdam

Herausgeber:
Prof. Dr. Friedrich Beck
Prof. Dr. Botho Brachmann
Wolfgang Hempel

Die Deutsche Bibliothek – CIP-Einheitsaufnahme

Die Nachlaßerschließung in Berlin und Brandenburg : Probleme und Perspektiven ; Protokoll einer Tagung der Fachhochschule Potsdam am 25. Juni 1997 zum siebzigsten Geburtstag von Friedrich Beck / Dagmar Jank (Hrsg.). – 1. Aufl. – Potsdam : Verl. für Berlin-Brandenburg, 1997
  (Potsdamer Studien ; Bd. 8)
  ISBN 3-930850-85-0

Die Herausgabe dieses Bandes wurde ermöglicht durch die finanzielle Unterstützung des Ministeriums für Wissenschaft, Forschung und Kultur des Landes Brandenburg und der Wilhelm-Fraenger-Gesellschaft e.V. Potsdam.

Friedrich Beik

Inhalt

Tabula gratulatoria

Bundesarchiv Berlin und Koblenz
Landeshauptarchiv Potsdam
Landeshauptarchiv Schwerin
Thüringisches Hauptstaatsarchiv, Weimar
Verein Deutscher Archivare, Münster
Vereinigte Westfälische Adelsarchive, Münster
Westfälisches Archivamt, Münster
Wilhelm-Fraenger-Gesellschaft e.V., Potsdam

Johanna Aberle, Berlin
Hans Ammerich, Speyer
Peter Bahl, Berlin
Hans Booms, Lahnstein
Botho Brachmann, Potsdam
Elisabeth Brachmann-Teubner, Potsdam
Hans Brichzin, Dresden
Stephan Dörschel, Berlin
Helmut Drück, Berlin
Wolfgang Eger, Speyer
Sibylle Einholz, Berlin
Lieselott Enders, Potsdam
Hannelore Erlekamm
Ute Essegern, Radebeul
Gebhard Falk, Potsdam
Wolfram Fiedler, Leipzig
Klaus Geßner, Potsdam
Dagmar Giesecke, Potsdam
Christine Gohsmann, Berlin
Reiner Groß, Dresden
Margarete Hager, Berlin
Monika Hakath, Potsdam
Michael Harms, Baden-Baden
Harriet Harnisch, Potsdam
Josef Hartmann, Magdeburg
Ilka Hebig, Potsdam

Friedrich-Wilhelm Hemann, Münster
Wolfgang Hempel, Gaggenau
Eckart Henning, Berlin
Ralf-Dirk Hennings, Potsdam
Klaus Heß, Brandenburg
Franz-Josef Heyen, Koblenz
Cordula Hoffmann, Fürstenberg
Axel Holst, Potsdam
Hans Peter Jäger, Berlin
Dagmar Jank, Potsdam
Walter Jaroschka, München
Ilona Kalb, Berlin
Wolf Kätzner, Bielefeld
Friedrich P. Kahlenberg, Koblenz
Hans-Ulrich Kamke, Berlin
Klaus Klauß, Berlin
Ingeborg Knaack, Potsdam
Rudolf Knaack, Potsdam
Wolfgang Knobloch, Berlin
Steffen Kober, Cottbus
Meta Kohnke, Merseburg
Wolfgang Köppe, Potsdam
Evelyn Kroker, Bochum
Helmut Knüppel, Potsdam
Barbara Lange, Berlin
Eckhard Lange, Baden-Baden
Karin Langelüddecke, Halle
Steffen Langusch, Salzwedel
Joachim-Felix Leonhard, Frankfurt/Main
Ilse Makowski-Lorey, Hannover
Manfred Meißner, Berlin
Klaus Neitmann, Potsdam
Brigitta Nimz, Münster
Ferdinand Nowak, Potsdam
Klaus Oldenhage, Koblenz
Kathrin Paesch, Burg
Susanne Pollert, Berlin
Ina Prescher, Berlin
Olaf B. Rader, Berlin
Norbert Reimann, Münster

10

Regina Rousavy, Berlin
Hermann Rumschöttel, München
Oliver Sander, Berlin
Annekatrin Schaller, Münster
Hans Schmitz, Düsseldorf
Volker Schockenhoff, Potsdam
Joachim Schölzel, Potsdam
Julius H. Schoeps, Potsdam
Wolfgang Schößler, Brandenburg (Havel)
Hans-Joachim Schreckenbach, Potsdam
Fides Schreyer, Potsdam
Hermann Schreyer, Potsdam
Heike Schroll, Berlin
Peter-Johannes Schuler, Potsdam
Waldemar Schupp, Potsdam
Detlef Graf Schwerin, Potsdam
Giuliano Staccioli, Berlin
Rita Stumper, Potsdam
Rolf-Rüdiger Targiel, Frankfurt/Oder
Christina Thomas, Potsdam
Dirk Ullmann, Berlin
Roswitha Ulrich, Potsdam
Josef Urban, Bamberg
Volker Wahl, Weimar
Hartwig Walberg, Potsdam
Petra Weckel, Potsdam
Kärstin Weirauch, Potsdam
Jürgen Wetzel, Berlin
Reimer Witt, Schleswig
Susanne Wittern, Berlin

Programm

Moderation: Prof. Dr. Peter-Johannes Schuler und Prof. Dr. Hartwig Walberg, Fachhochschule Potsdam, Fachbereich Archiv-Bibliothek-Dokumentation

10.00-10.30 Uhr	Begrüßung: Prof. Dr. Helmut Knüppel, Rektor der Fachhochschule Potsdam Prof. Dr. Peter-Johannes Schuler: Laudatio Friedrich Beck Prof. Dr. Hartwig Walberg, Dekan des Fachbereichs Archiv-Bibliothek-Dokumentation
10.30-11.00 Uhr	Volker Kahl, Stiftung Archiv der Akademie der Künste, Berlin: Ein Archiv der Künste. Möglichkeiten und Grenzen
11.00-12.00 Uhr	Wolfgang Hempel, Roswitha Ulrich, Petra Weckel M.A., Wilhelm-Fraenger-Archiv, Potsdam: Nachlaßerschließung im Wilhelm-Fraenger-Archiv: eine Kombination aus Archiv, Museum und Forschungsstätte
12.00-12.30 Uhr	Gisa Franke, Staatliche Museen zu Berlin - Preußischer Kulturbesitz, Archiv der Antikensammlung: Die Erschließung von Archäologennachlässen im Archiv der Antikensammlung der Staatlichen Museen zu Berlin - Preußischer Kulturbesitz
12.30-14.00 Uhr	Mittagspause
14.00-14.30 Uhr	Christine Waidenschlager M.A., Stiftung Stadtmuseum Berlin, Berlin: Künstler- und Firmenarchive in der Modeabteilung des Stadtmuseums Berlin
14.30-15.00 Uhr	Britta Weschke, Kleist-Gedenk- und Forschungsstätte, Frankfurt (Oder): Gegenwärtige und zukünftige Präsenz der literarischen Spezialbibliothek der Kleist-Gedenk- und Forschungsstätte Frankfurt (Oder) in elektronischen Medien
15.00-15.30 Uhr	Kaffeepause
15.30-16.00 Uhr	Dr. Jutta Weber, Staatsbibliothek zu Berlin - Preußischer Kulturbesitz, Berlin: Nachlaßerschließung: Perspektiven für Europa
16.00-17.00 Uhr	Abschlußdiskussion

Vorwort

Nachlässe von Schriftstellern, Politikern, Künstlern, Wissenschaftlern und anderen Persönlichkeiten des öffentlichen Lebens sind wichtige Quellen für die Forschung. Sie werden in verschiedenen Institutionen gesammelt. Archive, Bibliotheken, Museen und Forschungseinrichtungen erschließen dieses oft heterogene Material zumeist nach unterschiedlichen Regeln. Die elektronische Erschließung erfordert jedoch die Anwendung einheitlicher Standards, um Fremdleistungen nutzen zu können und die Kompatibilität von Datenformaten im regionalen und überregionalen Rahmen zu gewährleisten. Der Fortschritt der Technik bringt also bisweilen in Konkurrenz tretende Institutionen dazu, sich im Interesse ihrer Benutzerinnen und Benutzer an einen Tisch zu setzen, manch' liebgewordene Gewohnheit in Frage zu stellen und nach neuen gemeinsamen Wegen der Nachlaßerschließung zu suchen.

Der Fachbereich Archiv-Bibliothek-Dokumentation der Fachhochschule Potsdam wollte mit der Tagung zur Nachlaßerschließung in Ergänzung zu den überregionalen Expertentreffen der Deutschen Forschungsgemeinschaft einen ersten regionalen Erfahrungs -und Meinungsaustausch zwischen Nachlaßbearbeiterinnen und Nachlaßbearbeitern in Berlin und Brandenburg initiieren. Das ist gelungen. Mehr als 150 Kolleginnen und Kollegen kamen für einen Tag zusammen, um sich zu informieren und neue Anregungen für die eigene Arbeit zu empfangen. Die lebhaft geführte Schlußdiskussion zeigte, mit welchem Engagement man überall bei der Sache ist.

Der Fachbereich hat diese Tagung aus Anlaß des 70. Geburtstags von Prof. Dr. Friedrich Beck am 20. Juni 1997 veranstaltet. Prof. Beck, der ehemalige Direktor des Brandenburgischen Landeshauptarchivs Potsdam, hat sich nach seiner Pensionierung am Aufbau des jungen Fachbereichs intensiv beteiligt. Seine langjährigen Erfahrungen in der Lehre hat er sowohl im grundständigen Studiengang Archiv als auch in den Fernstudienbrückenkursen Archiv eingebracht. Die Laudatio von Prof. Dr. Schuler zeichnet den Lebensweg von Prof. Beck nach, seine Bibliographie spiegelt seine eindrucksvolle wissenschaftliche Leistung wider.

Die Tagung hätte ohne die Unterstützung vieler Personen nicht stattfinden können. Als Tagungsorganisatorin und Herausgeberin der Festschrift für Friedrich Beck möchte ich folgenden Personen danken: Herrn Prof. Dr. Knüppel, dem Rektor der Fachhochschule Potsdam, der die Tagung von Anfang an förderte und unterstützte, Herrn Prof. Dr. Walberg, dem Dekan des Fachbereichs Archiv-Bibliothek-Dokumentation, der neben Prof. Dr. Schuler die Mo-

13

deration der Tagung übernahm, und Herrn Hempel, dem ehemaligen Leiter der Hauptabteilung Dokumentation und Archive des Südwestfunks Baden-Baden, für die Aufnahme der Festschrift in die Reihe „Potsdamer Studien". Das Ministerium für Wissenschaft, Forschung und Kultur des Landes Brandenburg hat die Kosten für die Tagung übernommen und einen Druckkostenzuschuß bewilligt. Auch dafür sei an dieser Stelle herzlich gedankt. Für hilfreiche Anregungen und Tips danke ich außerdem Frau Link vom Wissens- und Technologietransfer und Frau Reicherl, der Pressereferentin der Fachhochschule Potsdam.

Als Dozentin liegt es mir natürlich besonders am Herzen, der Projektgruppe von 20 Studierenden zu danken, die im Rahmen meiner Lehrveranstaltung „Öffentlichkeitsarbeit/Projektmanagement" im Sommersemester 1997 diese Tagung mit vorbereitet und durchgeführt haben. Ihr Eifer und ihre Bereitschaft, zum Gelingen dieser Tagung beizutragen, beweisen eindrucksvoll, daß die Studentinnen und Studenten bereit sind, Verantwortung zu übernehmen – wenn man sie denn fordert. Ihre Namen seien hier genannt: Peter Belli, Christiane Bruns, Yüksel Durgaç, Thomas Eckart, Thilo Grainsperger, Sophie Hoffmann, Jana Kugele, Anja van Laak, Jana Leistner, Friederike Mischke, Günter Nepp, Rico Quaschny, Lydia Retusch, Jörg Stoffers, Silke Wilmsmeier, Kerstin Witzke, Annegret Werner, Anett Wufka, Anja Ziegler, Bettina Ziegler. Ihnen allen noch einmal ein großes Lob!

Zu danken habe ich zuguterletzt Annette Gerdes, die die mühevolle Aufgabe übernommen hat, die Diskussion vom Tonbandmitschnitt zu transkribieren und die Beiträge für den Druck vorzubereiten. Ihrer sorgfältigen und zügigen Arbeit ist es zu verdanken, daß die Festschrift für Friedrich Beck so schnell vorgelegt werden kann.

Potsdam, im September 1997   *Dagmar Jank*

14

Begrüßung

PROF. DR. HELMUT KNÜPPEL

Lieber Herr Beck, meine sehr geehrten Damen und Herren, liebe Freunde und Angehörige der Fachhochschule Potsdam, es ist mir eine große Freude, Sie alle zu unserer Tagung „Nachlaßerschließung in Archiven, Bibliotheken, Museen und Forschungseinrichtungen in Berlin und Brandenburg: Probleme und Perspektiven" zu begrüßen, die wir anläßlich der Vollendung des 70. Lebensjahres unseres Freundes und Kollegen Prof. Dr. Friedrich Beck, des ehemaligen Direktors des Brandenburgischen Landeshauptarchivs, veranstalten.

Eine ganz besondere Freude ist es mir natürlich auch, daß der Präsident der „Deutschen Gesellschaft für Dokumentation", Herr Dr. Leonhard, es sich nicht hat nehmen lassen, heute persönlich hier zu erscheinen. Sie erlassen es mir, viele andere Prominenz, die hier ist, zu begrüßen. Seien Sie herzlich willkommen.

Ohne die Laudatio des Kollegen Schuler vorwegnehmen zu wollen, darf ich Ihnen, lieber Herr Beck, danken für Ihr Engagement beim Aufbau unserer jungen Hochschule. Ihre Geburtshilfe als Vorsitzender des Wissenschaftlichen Beirats für Archivwesen beim Minister für Wissenschaft, Forschung und Kultur, Ihre Hilfsbereitschaft bei der Erschließung der hiesigen Archivlandschaft durch die Zugereisten, Ihr selbstverständliches Zupacken bei der Initiierung von Aus- und Weiterbildungsmaßnahmen waren für uns eine unentbehrliche Hilfe. Wir haben in Ihnen jemanden gefunden, der immer bereit war, neue Wege zu gehen, Bewährtes in Frage zu stellen, über die Grenzen der eigenen Disziplin hinaus zu denken und Neues zu lernen und anzuwenden: Im Beruf des Archivars, der das Vergangene bewahrt, durchaus etwas besonderes! Sie waren und sind für uns eine Herausforderung, und ich hoffe, Sie bleiben es auch.

Meine herzliche Gratulation zu Ihrem Geburtstag und die besten Wünsche, auch von der Hochschule für das kommende Lebensjahrzehnt, besonders Gesundheit, Glück und natürlich ein wenig Muße.

Unsere junge Hochschule, gegründet 1991, versteht sich als eine Einrichtung, die versucht, auf die Berufswelt von morgen vorzubereiten. Neben dem Bereich der Informationswissenschaften, zu denen ich Archiv, Bibliothek und Dokumentation zähle, bilden wir Sozialarbeiter, Architekten, Restauratoren, Bauingenieure, Kommunikationsdesigner, Produktdesigner und Kulturarbeiter – in insgesamt 10 Studiengängen – aus. Was uns besonders wichtig ist, und das wird bei der Integration der Studiengänge Archiv, Bibliothek und Dokumentation besonders deutlich, ist die Verbindung zwischen den Disziplinen, also die Frage, was kann man von den Nachbardisziplinen lernen, an welcher Stelle bietet sich Kooperation an, wo ist Interdisziplinarität angesagt.

Daß auf dem Hintergrund dieser Fragestellung die Studiengänge Archiv, Bibliothek, Dokumentation in unser Blickfeld gerieten, war nicht mehr als naheliegend. Die durch den Wissenschaftsrat und die Brandenburgische Landeskommission abgesegnete Integration der drei informationswissenschaftlichen Bereiche sorgte sehr schnell für große Unruhe, sowohl bei den beiden Gründungsbeiräten Archiv und Dokumentation beim Minister für Wissenschaft, Forschung und Kultur des Landes Brandenburg als auch in den Fachgesellschaften der Archivare, Bibliothekare und Dokumentare. Während im Archivbereich die deutliche Kritik an der Unbeweglichkeit der Marburger Ausbildung und die Ablehnung des Ausbildungskonzepts der Archivschule Potsdam zu einer intensiven Auseinandersetzung mit dem integrierten Potsdamer Modell führte, kamen im Bereich der Dokumentation die meisten Widerstände von den Vertretern einer postgradualen universitären informationswissenschaftlichen Ausbildung, die sich aber letztendlich dadurch erledigten, daß das alte LID (Lehrinstitut für Information und Dokumentation) an unsere Hochschule angebunden wurde. Bei den Berufsverbänden der Bibliothekare sah der ehemalige Rektor der Fachhochschule für Bibliothekswesen in Köln und damalige Gründungsbeauftragte für einen Studiengang Bibliothekswesen an der Fachhochschule Leipzig, Herr Plassmann, der jetzt an der Humboldt-Universität in Berlin lehrt, als erster die in einem integrierten Studiengangskonzept ABD liegenden Entwicklungsmöglichkeiten und unterstützte den Gründungsrektor der Fachhochschule Potsdam in den Auseinandersetzungen mit der Ausbildungskommission des Deutschen Bibliotheksverbandes. Derjenige, der die Hochschule gegenüber den Berufsverbänden der Archivare konsequent unterstützt und ermutigt hatte, war, Sie haben es sicher schon erraten, Fritz Beck.

Heute wissen wir, daß der Weg richtig war, wissen aber auch, daß wir nicht einmal die Hälfte des Weges in die Informationsgesellschaft zurückgelegt haben, ein Weg, der in seinen Umbrüchen vergleichbar ist mit der industriellen Revolution. Absehbar ist, daß wir in zehn Jahren die Berufsfelder des Archivars, Bibliothekars, Dokumentars nicht mehr wiedererkennen werden. Nicht nur hat die abnehmende Finanzkraft der öffentlichen Hand bereits den Abschied vom Privileg der internen Ausbildung eingeleitet. Gleichzeitig ändern sich die Arbeitsbedingungen weg von klar definierten Arbeitsverhältnissen hin zur freiberuflichen Tätigkeit. Gleichzeitig ermöglicht der wissenschaftlich-technische Fortschritt Entwicklungen der Informationsbewahrung,

-erschließung, -verarbeitung und des -managements, wie dies bisher nicht vorstellbar war.

Die heutige Tagung, zu der Fritz Beck uns den Anlaß gegeben hat, erweitert unser Spektrum um die Zusammenarbeit mit Museen und Forschungseinrichtungen. Nachlässe, in der Vergangenheit eifersüchtig gehütet von Archiven, Bibliotheken und Privatsammlungen, können inzwischen in zentralen Datenbanken nachgewiesen und damit der interessierten Öffentlichkeit zugänglich gemacht werden. Nicht mehr der Besitz sondern der zentrale Nachweis ist für die Forschung von Bedeutung. Hier schließt sich die Abstimmung über Bestandsbildung, Erschließungsmethoden und die innere Ordnung zwischen den beteiligten Nachlaßverwaltern – Archiven, Bibliotheken, Museen und Forschungseinrichtungen – an. Eine Konkurrenz zwischen diesen bei der Erwerbung und Erschließung von Nachlässen ist nicht wünschenswert, geht es doch darum, Kulturgut zu sichern, zu erschließen und zugänglich zu machen. Zuständigkeiten bleiben zwar formal möglich, werden in der Praxis durch Finanzlage und veränderte Nutzerinteressen zusehends aufgeweicht. Das hat Konsequenzen für Berufsbild und Ausbildung.

Wenn wir heute in Potsdam die Probleme einer einheitlichen Nachlaßerschließung thematisieren und über Kooperationsmöglichkeiten diskutieren, dann ist dies dem Umstand geschuldet, daß unsere Region Brandenburg/Berlin in einmaliger Weise Archive, Bibliotheken, Museen, Forschungs- und Ausbildungseinrichtungen bietet, deren kulturelles Potential eine wichtige Ausgangsbasis für Produktionen der Informations- oder besser der Wissensgesellschaft darstellt. Wenn diese Entwicklung nicht an uns vorbeigehen soll, müssen wir dieses Potential über einheitliche Standards erschließen und die Kompatibilität von Datenformaten im regionalen und überregionalen Rahmen gewährleisten. Dazu soll die Tagung beitragen und dazu wünsche ich uns viel Erfolg! Die Beiträge der Tagung werden als „Festschrift Friedrich Beck" publiziert. Eine Subskription ist im Tagungsbüro möglich.

Meine Damen und Herren, eine solche Tagung kann nur gelingen, wenn materielle und personelle Ressourcen gebündelt werden. Darum möchte ich zuallererst dem Minister für Wissenschaft, Forschung und Kultur danken für die Finanzierung der Tagung und die Zusage eines Druckkostenzuschusses. Danken möchte ich auch dem Fachbereich Archiv-Bibliothek-Dokumentation als Veranstalter der Tagung. Danken möchte ich aber vor allen Dingen auch der Projektgruppe von 18 Studierenden des Fachbereichs Archiv-Bibliothek-Dokumentation, die im Rahmen der Lehrveranstaltung „Projektmanagement/ Öffentlichkeitsarbeit" die Tagung vorbereitet und organisiert hat. Ohne ihren engagierten Einsatz wäre diese Tagung nicht realisiert worden. Ihr Einsatz ging von der Gestaltung der Einladung bis hin zum liebevollen Kuchenbacken für die Kaffeepause. Ganz besonderen Dank möchte ich aber Frau Prof. Jank aussprechen, die all dies initiiert, koordiniert und verantwortlich geleitet hat.

Ich hoffe sehr, daß diese Tagung zum Thema „Nachlässe" ihre Fortsetzung findet und sich thematisch auf die aktuellen Fragen der Profession erweitert. Viel Erfolg und vielen Dank!

Prof. Dr. Dagmar Jank:
Lieber Herr Beck, ich habe die große Freude und die große Ehre, Ihnen im Namen des Fachbereichs Archiv-Bibliothek-Dokumentation einen Blumenstrauß überreichen zu dürfen. Er kommt einige Tage nach Ihrem Geburtstag, aber dennoch von ganzem Herzen. Herzlichen Glückwunsch!

Ich möchte auch von meiner Seite aus den Studierenden, die leider jetzt nur zum Teil hier anwesend sind, ganz ganz herzlich danken für ihr Engagement bei dieser Veranstaltung. Ich hatte zwar vorher angekündigt, daß ich überdurchschnittliches Engagement erwarte, und ich bin nur angenehm „enttäuscht" worden. Ein großes Lob noch einmal an die Studierenden der Projektgruppe, es sind 18, sie können nicht alle namentlich hier aufgezählt werden … Dankeschön.

Laudatio

Prof. Dr. Peter-Johannes Schuler

Sehr verehrter Herr Prof. Dr. Beck, lieber Kollege, für mich ist es eine besondere Freude, heute Ihr Lebenswerk in einer kurzen Laudatio würdigen zu dürfen. Denn als Gründungsdekan des Fachbereichs Archiv-Bibliothek-Dokumentation der Fachhochschule Potsdam habe ich in Ihnen immer einen gesprächs- und hilfsbereiten Kollegen gefunden, der im Interesse der Sache in dieser Phase des Aufbaus viele schwierige Situationen zu meistern half.

Für Gelehrte hat sich seit dem vorigen Jahrhundert eingebürgert, sie mit der *Krone der Wissenschaft*, mit einer Festschrift zu ehren. Das Lebenswerk eines Wissenschaftlers kann für seine Nachfolger im Amt und in der wissenschaftlichen Lehre so überzeugend sein, daß Kollegen mit einem Florilegium darauf hinweisen möchten. Der Fachbereich Archiv-Bibliothek-Dokumentation möchte Ihnen mit dem Kolloquium vom 25. Juni 1997 und einer Festschrift aber auch für Ihr Engagement bei der Gründung des Fachbereichs und Ihr Engagement als Hochschullehrer danken.

Archivdirektor Prof. Dr. Friedrich Beck wurde am 20. Juni 1927 in Greiz (Thüringen) geboren und besuchte dort die Volksschule und anschließend das dortige Gymnasium. 1944 wurde er vorzeitig unter Zuerkennung des Kriegsabiturs zum Reichsarbeitsdienst und noch im gleichen Jahr zur Wehrmacht eingezogen. Nach der Rückkehr aus der Kriegsgefangenschaft mußte er zunächst das Abitur nachholen und begann dann im WS 1946/47 das Studium der Fächer Geschichte, Germanistik und Pädagogik an der Friedrich-Schiller-Universität Jena. 1951 schloß er sein Studium mit dem Ersten Staatsexamen für das Höhere Lehramt an Gymnasien ab. Im gleichen Jahr wurde Prof. Beck mit einer Dissertation über seine Heimatstadt „Die wirtschaftliche Entwicklung in der Stadt Greiz während des 19. Jahrhunderts. Ein Beitrag zur Industrialisierung in Deutschland" in Jena zum Dr. phil. promoviert.

Die Dissertation, die vorwiegend aus ungedruckten Quellen erarbeitet worden war, ließ in Prof. Beck frühzeitig den Wunsch aufkommen, Archivar zu werden. Im Oktober 1951 konnte er die zweijährige Ausbildung zum Wissenschaftlichen Archivar am Institut für Archivwissenschaft (IfA) in Potsdam beginnen, die er 1953 erfolgreich mit der Zweiten Staatsprüfung abschloß. Nach seiner Referendarausbildung trat er in das Brandenburgische Landeshauptarchiv Potsdam als Referent ein, das er dann von 1956-1993 als Staatsarchivdirektor verantwortlich leitete.

Während dieser Zeit wuchs das Archiv, das einmal das kleinste der DDR-Staatsarchive war, zu einem der größten und bedeutendsten heran. Denn durch die Teilung Deutschlands war es notwendig geworden, ein Staatsarchiv für das neue Land Brandenburg zu schaffen, da das bisher zuständige Archiv, das Geheime Staatsarchiv, im Westen der Stadt Berlin unerreichbar lag. Die zentrale Aufgabe dieses neu geschaffenen Staatsarchivs war, die durch den Krieg auf dem Gebiet der DDR zerstreuten staatlichen Archivalien, die der überforderten Städte und Gemeinden, aber auch der verlassenen Güter zu sichern und in die Obhut des Staatsarchivs zu übernehmen. Durch diese wichtige archivarische Tätigkeit wuchs im Verlauf der mehr als dreißigjährigen Tätigkeit der Bestand des Landeshauptarchivs Potsdam von ursprünglich 4 000 laufenden Metern Akten auf über 40 000 Meter an. Auch wichtige Urkundenbestände städtischer Provenienz fanden hier Aufnahme. Urkunden und Akten zu sichern, ist eine wichtige Tätigkeit des Archivars, nicht weniger wichtig ist es, diese Bestände gesichert und geschützt zu lagern und nicht zuletzt auch für die Benutzung zu erschließen. Die Unterbringung des Archivs in der Orangerie des Schlosses Sanssouci war zunächst nur als Provisorium gedacht. Aber wie dies so häufig ist, wurde aus dem Provisorium eine Dauereinrichtung, die für die Archivare dort ganz erhebliche Probleme der Sicherung aufwarf. Leider gelang es Prof. Beck zu seinem großen Bedauern nicht, die zuständigen Behörden von der Notwendigkeit eines neuen Archivzweckbaus für das Staatsarchiv Potsdam zu überzeugen. In Anbetracht der schwierigen Umstände hat er zusammen mit seinen Mitarbeitern eine enorme Leistung erbracht, indem sie im Laufe der Jahre den gesamten Bestand, zu dem nicht ein einziges Findmittel vorhanden war, vollständig für die Benutzung erschlossen haben. Der Benutzer greift heute dankbar zu den beiden Bänden der gedruckten Archivübersicht. Trotz der erschwerten Arbeitsbedingungen in der Orangerie fand Prof. Beck als Archivdirektor Zeit, dreißig, z.T. mehrbändige Publikationen des Staatsarchivs zu betreuen, u.a. die für Brandenburg so wichtige landesgeschichtliche Bibliographie und das brandenburgische Ortslexikon.

Archivar sein heißt nach seinem Verständnis, immer auch wissenschaftlich tätig zu sein. Denn das Bewahren kann und darf kein Selbstzweck sein. Archivalien werden zum toten Kulturgut, wenn es nicht gelingt, das, was bewahrt wird, der Öffentlichkeit in Form von Vorträgen, Publikationen und Ausstellungen zugänglich zu machen, die Menschen für ihre Geschichte zu interessieren und sie damit vertraut zu machen. So fand Prof. Beck bei all den verschiedenen und sehr verantwortungsvollen Aufgaben, die er auszufüllen hatte, immer noch Zeit, sich durch zahlreiche Publikationen auch als Wissenschaftler einen Namen zu machen.

Sein umfangreiches wissenschaftliches Œuvre umfaßt ein weites Spektrum der Geschichtsforschung und ist ungemein vielfältig. Es reicht von den Historischen Hilfswissenschaften bis zur Verwaltungs- und Ortsgeschichte. Erlauben Sie mir in diesem Zusammenhang, exemplarisch einige Aspekte des wissenschaftlichen Werks des Kollegen Beck herauszugreifen. Seine verschiedenen Arbeiten auf dem Gebiet der Historischen Hilfswissenschaften sind immer eng mit seiner archivarischen Tätigkeit verbunden. So verdankt ihm die wissenschaftliche Öffentlichkeit als Mitherausgeber den Band „Die archivalischen Quellen", eine systematische Quellenkunde, die das Mittelalter ebenso wie auch die Neuzeit umfaßt. Als einer der ganz wenigen Hilfswissenschaftler der Nachkriegszeit hat sich Prof. Beck in zahlreichen Aufsätzen mit der neueren deutschen Schriftgeschichte auseinandergesetzt. Die enge Verbundenheit mit der Thüringer Heimat kommt besonders in seinen zahlreichen Arbeiten zur Verwaltungs- und Landesgeschichte zum Ausdruck. Dabei hat ihn insbesondere die Entstehung neuer Verwaltungsstrukturen und deren historische Bewährung interessiert. Nicht dem Bestehenden und Bewährten, sondern dem Wandel in Gesellschaft und Wirtschaft spürte er nach. Naturgemäß umfaßt auch sein wissenschaftliches Werk verschiedene Quellenpublikationen. Denn ein Archivar, der nicht auch Quellen publiziert, ist wohl schlecht denkbar.

Neben seiner Tätigkeit als Staatsarchivdirektor hat sich Prof. Beck frühzeitig schon um die Ausbildung des Archivarnachwuchses bemüht, indem er eine umfangreiche Tätigkeit zunächst am Institut für Archivwissenschaft, dann nach dessen Eingliederung in die Humboldt-Universität Berlin als Honorardozent für Historische Hilfswissenschaften ausübte. Die Humboldt-Universität Berlin dankte ihm für seine langjährige Lehrtätigkeit, indem sie ihn 1982 zum Honorarprofessor ernannte. Auch der Ausbildung der Diplom-Archivare in der DDR galt sein Interesse, indem er Mitarbeiter ermunterte, dort zu unterrichten und sie bei der Abfassung der Lehrbriefe unterstützte. Nach der Wende engagierte sich Prof. Beck als einer der Vorsitzenden des Beirats beim brandenburgischen Minister für Wissenschaft, Forschung und Kultur für die Schaffung des integrierten Fachbereichs Archiv-Bibliothek-Dokumentation. Dabei war es für ihn nicht immer einfach, die z.T. sehr unterschiedlichen Meinungen der auswärtigen Fach- und Verbandsvertreter der drei Fächer zu bündeln und zu einem gewissen Konsens zu führen. Auch in den Aufbau des Fachbereichs und seine oft heftigen und langwierigen Integrations- und Curriculumsdebatten im Fachbereichsrat hat sich Kollege Beck mit eigenen Beiträgen und seiner Erfahrung vermittelnd eingebracht. Nach der Errichtung des Fachbereichs hat er sich 1994, gerade als Direktor des Brandenburgischen Landeshauptarchivs pensioniert, als Dozent im Aufbaustudium für die Diplom-Archivare und im grundständigen Studium engagiert. Für diesen inhaltlich fast revolutionären Fachbereich war seine Mitwirkung zu diesem Zeitpunkt sehr wichtig, um den Fachbereich in dieser Region zu verankern.

Seine archivarische und seine wissenschaftliche Tätigkeit, aber auch seine engagierte Lehrtätigkeit an der Fachhochschule Potsdam möchte der Fachbereich Archiv-Bibliothek-Dokumentation in der akademischen Form einer Festschrift würdigen. Das gewählte Thema „Nachlaßerschließung" beinhaltet eine Problemstellung, die fachübergreifend ist und alle drei in unserem Fachbereich angesiedelten Studiengänge gleichermaßen betrifft.

Einführung

PROF. DR. HARTWIG WALBERG

Sehr geehrter Herr Knüppel, lieber Herr Beck, liebe Frau Beck, meine sehr geehrten Damen und Herren, aus dem großen Kreis der hier Anwesenden alle
wichtigen Personen und Persönlichkeiten zu begrüßen, hat Herr Knüppel
schon vermieden. Trotzdem komme ich nicht umhin und möchte vielleicht
stellvertretend für die vielen Personen und Persönlichkeiten, die hier heute so
zahlreich erschienen sind, Herrn Hempel begrüßen als den Ehrensenator und
einen der Gründungsväter dieses Fachbereichs, Herrn Dr. Leonhard als den
Vorsitzenden der Deutschen Gesellschaft für Dokumentation und Herrn Dr.
Heß für den Verein deutscher Archivare, Landesverband Brandenburg. Für die
Bibliotheksverbände habe ich leider keinen Namen parat, vermute aber, daß
die Bibliotheksverbände auch vertreten sind. Ich denke, daß zur Durchführung
dieser Tagung über die Erschließung von Nachlässen der Fachbereich mehrere
sehr gute Gründe hat. Einer, eigentlich der beste, wurde gerade eben schon genannt, daß nämlich Herr Beck seinen 70. Geburtstag gefeiert hat und wir ihn
auf diese Art und Weise ehren können. Ein anderer, nicht weniger wichtiger
Grund ist, daß der Fachbereich Archiv, Bibliothek, Dokumentation dieser
Fachhochschule Potsdam einen bestimmten Auftrag hat, nämlich die Integration der drei Berufsfelder Archiv, Bibliothek und Dokumentation zu fördern
und dies in Forschung und Lehre zu tun. Es entspricht also dem allgemeinen
Arbeitsauftrag sowie auch der Zielsetzung dieses Fachbereichs, die Ausbildung von Bibliothekaren, Archivaren und Dokumentaren zu integrieren und
eine Qualifizierung durchzuführen für ein sehr breites Berufsspektrum, eine
Qualifizierung, die bislang an den Ausbildungsstätten nicht in dieser Form geschehen ist und die wir hier seit fast fünf Jahren zu geben versuchen.

In den ersten Jahren seines Bestehens hat dieser Fachbereich Archiv, Bibliothek, Dokumentation allerdings noch einen sehr deutlichen Schwerpunkt
in der Archivarsausbildung mit integrativen Ausbildungsinhalten gehabt, da
allein von 1992 bis 1997 aus den vier Brückenkursen ca. 100 Diplom-Archi-
varInnen die Hochschule verlassen haben, die hier überwiegend berufsbeglei-
tend in einem Fernstudium studiert haben. Aber die ersten integrierten Studiengänge rollen jetzt mit Macht auf das Diplom zu. Und ich denke, die AbsolventInnen finden ein sehr stark verändertes Berufsbild, eine Berufsrealität vor,
auch das klang eben schon einmal in der Ansprache von Herrn Knüppel an,
die gekennzeichnet ist von einem schrumpfenden Stellenmarkt im Öffentli-

chen Dienst, auf der anderen Seite einer Belebung bei den Informationsberufen, einer zunehmenden Leistungsorientierung in unseren Berufsfeldern und vor allem neuen Qualifikationsanforderungen, insbesondere im Hinblick auf die informationstechnologischen Kenntnisse.

Erst vor kurzem, es ist einige Wochen her, haben wir hier an dieser Hochschule am Fachbereich eine sehr fruchtbare Diskussionsrunde gehabt, etwa in demselben Rahmen wie heute, mit den ABD-Fachverbänden, dem VdA, dem Verein deutscher Archivare, der DGD, der Deutschen Gesellschaft für Dokumentation und der Vereinigung der Bibliotheksverbände, an der Herr Dr. Leonhard, Frau Prof. Dankert und Herr Dr. Reimann für die Verbände und Lehrende und Studierende dieses Fachbereichs und des Instituts für Information und Dokumentation teilgenommen haben. Und wir haben dort sehr lange und ausführlich über die Integration der Berufsfelder und über Problemstellungen der Ausbildung diskutiert, für meine Begriffe etwas, was in der Luft liegt, worüber wir sprechen müssen und was zum Teil von den Verbänden bereits sehr positiv aufgenommen worden ist. Bei dieser Diskussion stellten wir fest, daß es bislang keine gemeinsame ABD-Tagung gegeben hat, vielleicht schon einmal sich überschneidende Tagungsthemen, an denen natürlich verschiedene Vertreter teilgenommen haben, aber seit dem ersten Archivtag von 1899 in Straßburg sind es nun fast hundert Jahre „Separatismus", die eigentlich die Grenzen und die Schranken zwischen den Fachdisziplinen eher vergrößert haben, und wir müssen dringend dazu kommen, diese Grenzen zu beseitigen. Ein kleiner Fachbereich wie dieser mit 10 Professoren und annähernd 200 Studierenden kann und sollte darüber nicht Klage führen, er kann aufmerksam machen, und wie ich in den letzten Tagen in Gesprächen und heute morgen wieder von Herrn Leonhard gehört habe, dürfte wohl eine Schneise in dieser Entwicklung geschlagen sein. Ich denke, daß es bald schon eine gemeinsame Fachtagung geben wird, auf der dann in einem noch größeren Rahmen auf der Verbandsebene, ohne die können wir es nicht tun, die verschiedenen Berufsfelder gemeinsam über gleiche Themen diskutieren werden. Ich weiß als Dekan dieses Fachbereichs, wovon ich rede, wie schwer es ist. Es geht häufig nicht ohne blaue Augen und Flecken ab, die KollegInnen, die ich hier sehe, nicken zum Teil wissend – auf Verbandsebene wird es auch nicht anders aussehen.

Das heutige Tagungsthema steht auch unter diesem Vorzeichen. Ich finde es ganz wichtig, daß wir im Hinterkopf behalten, daß Verbandsstrukturen, daß langjährige getrennte Berufsfelder hinderlich sind bei der gemeinsamen Erarbeitung von Themen. Deshalb ist dieses Tagungsthema heute auf einer Schnittstelle gewählt zwischen Archiven, Bibliotheken, Dokumentationsstellen, Museen, Forschungseinrichtungen usw.

24

Nachlässe sind seit eh und je Streitland nach dem Prinzip der Jäger und Sammler: Wer zuerst kommt, mahlt zuerst und dem gehört der Nachlaß. Ob dieser Nachlaß dann in einer Bibliothek, in einem Archiv oder wo immer liegen wird, entscheidet wesentlich über die Art der Erschließung und des späteren Zugangs. Darüber wie also die formale und inhaltliche Erschließung stattfindet, haben BibliothekarInnen sehr genaue Vorstellungen und Regelwerke, Archivare haben auch ihre Vorstellung hinsichtlich der Wahrung des Provenienzprinzips, Dokumentare haben wiederum ihre Vorstellungen, wie sie ihre Datenbanken strukturiert haben möchten und wie das Volltextretrieval stattfinden soll. Das alles zusammenzuführen ist nicht einfach, und ich bin deswegen heute sehr gespannt – damit will ich auch schließen –, welche praktischen und theoretischen Lösungen die hier eingeladenen ReferentInnen vorzutragen und anzubieten haben. Und ich bedanke mich insbesondere an dieser Stelle für die Vorbereitung dieser Tagung bei unserer Kollegin, Frau Prof. Jank, und den Studierenden natürlich, ich bedanke mich auch beim technischen Dienst, der im Hintergrund die Tagung ermöglicht und dazu beiträgt und ich darf nun Herrn Kollegen Schuler bitten, die Vormittagssitzung zu moderieren.

Prof. Dr. Peter-Johannes Schuler:
Meine Damen und Herren, eine Einführung in das Thema ist von verschiedener Seite bereits vorgenommen worden, so daß ich mir das aus Zeitgründen ersparen kann. Herr Kahl, der erste Referent, ist Stellv. Direktor der Stiftung Archiv der Akademie der Künste in Berlin.

Ein Archiv der Künste. Möglichkeiten und Grenzen

VOLKER KAHL

Mein Thema kennen Sie: Ein Archiv der Künste. Möglichkeiten und Grenzen. Ich habe es in vier Schwerpunkte gegliedert. Zuerst möchte ich etwas zur Problematik des Sammlungsgegenstandes sagen, dann zur organisatorischen Struktur eines Kunstarchivs am Beispiel unserer Archivstiftung, drittens zu den Grundlinien eines einheitlichen Archivierungsmodells, das wir anzuwenden versuchen, und viertens zum Kernthema: das Kunstarchiv als Ort der authentischen Quelle.

1. Zur Problematik des Sammlungsgegenstandes

Grundlage der Arbeit eines Kunstarchivs müßte eigentlich eine klare Bestimmung des Sammlungsgegenstandes sein. Aber es wird Ihnen niemand mit hinreichender Sicherheit definieren können, was unter dem Begriff „Kunst" zu verstehen ist. Der klassische Normenkanon ist weitgehend zerbrochen, eine breite gesellschaftliche Konvention, die zur Grundlage einer Begriffsdefinition dienen könnte, ist derzeit nicht erkennbar. Die Gattungsgrenzen verwischen sich zunehmend, die Übergänge sind fließend, es entstehen völlig neue Kunstformen, von denen viele gar nicht darauf ausgerichtet sind, Dauer zu erreichen. Es sind Kunstformen, die dem Augenblick verhaftet, kaum zu reproduzieren sind. Und die wohl wichtigste Veränderung hat die Einführung der neuen Medien, die der Kunstproduktion eine bisher nicht gekannte technische Basis und damit schier unendliche Möglichkeiten bieten, bewirkt. Dieses etwas apokalyptische Bild ist aber nur ein Teil der Realität. Die über Jahrhunderte gewachsene Gliederung der Künste ist nicht völlig verschwunden, sie ist, wenn auch modifiziert, noch durchaus erkennbar.

Ein Kunstarchiv hat also zumindest zwei Aspekten Rechnung zu tragen: Zum einen den traditionellen Künsten mit ihren Kategorien und Ordnungssystemen, zum anderen der Moderne, die sich einer eindeutigen Klassifikation teilweise entzieht. Es scheint immer noch geraten, die klassische Ordnung der Künste als Organisationsprinzip eines Kunstarchivs anzuwenden.

2. Die organisatorische Struktur am Beispiel der Stiftung Archiv der Akademie der Künste

Ich kann in diesem Rahmen nicht auf die dreihundertjährige Geschichte der Akademie eingehen, obwohl dies durchaus reizvoll wäre, von den Klagen des Akademiepräsidenten über den Geruch nach Pferdemist in den Akademieräumen, die ja eine Zeitlang im Marstall lagen, bis hin zu den devoten Ergebenheitsadressen im Rahmen der Gleichschaltung der Preußischen Akademie in der Zeit des Nationalsozialismus – das sei hier alles außer Acht gelassen. Ich will mich auf den Ursprung der Sammeltätigkeit konzentrieren, und der liegt für dieses Archiv im Bereich der Bildenden Kunst. Sehr früh, praktisch mit Gründung der Akademie, wurden Sammlungen von Modellen, Skulpturen und Bildern angelegt, die aber nicht in unserem heutigen Sinne als Kunstsammlung konzipiert waren, sondern als Vorbildsammlung, und zwar im wörtlichen Sinne: Es war eine Sammlung, die stil- und normenbildend wirken sollte, es wurde dem Studierenden ein Vor-Bild gegeben, nach dem er zu zeichnen, zu arbeiten hatte. Diese ursprüngliche Funktion der Kunstsammlung erweiterte sich allmählich. Im Statut von 1699 werden die Akademiemitglieder verpflichtet, jährlich ein Kunstwerk der Akademiesammlung zur Verfügung zu stellen. In zunehmendem Maße wurde der Sammlungsbestand durch Schenkungen und Ankäufe komplettiert. Diese Tätigkeit setzte sich im Prinzip bis zum Untergang der Akademie, bis zu ihrer rechtlich nie eindeutig vollzogenen, aber faktisch doch stattgefundenen Auflösung im Jahre 1945/46 fort. Wie Sie vielleicht wissen, wurden nach dem Zweiten Weltkrieg zwei Akademien gegründet, eine in Ost-Berlin, eine in West-Berlin. Diese Neugründungen beriefen sich aber interessanterweise beide auf die alte Preußische Akademie. Mit diesem Zeitpunkt beginnt auch das, was man unter wirklicher archivarischer Sammeltätigkeit verstehen kann. Der designierte Präsident der Ostakademie, Heinrich Mann, starb, bevor er das Amt antreten konnte, und gewissermaßen stellvertretend kam sein Nachlaß in die Akademie und damit auch der Zwang, diesen Nachlaß zu betreuen, zu erschließen, zu sichern und – was kein geringer Grund war – eine Ausgabe seiner Werke zu organisieren. In West-Berlin verlief die Gründung eines Archivbereiches ähnlich. Dort war vor allen Dingen der Gesichtspunkt maßgebend, daß den emigrierten, den vertriebenen Künstlern, sofern sie nicht mehr am Leben waren, zumindest ein Ort gegeben werden sollte, wo ihr Nachlaß aufbewahrt und zugänglich gemacht werden konnte. Es war ein Sammelschwerpunkt, der dem der Ostberliner Akademie durchaus vergleichbar war.

Die Zusammenführung beider Archivbereiche im Jahre 1993 im Rahmen der Vereinigung der Kunstakademien war von der Sache, von der Struktur, von den Sammelschwerpunkten her zwingend. Allerdings gab es auch Unterschiede, aus denen sich bei der praktischen Arbeit durchaus Schwierigkeiten ergaben. Das Ostberliner Archiv war eine zentrale Sammelstelle für Nachlässe zur Kunst und Literatur des 20. Jahrhunderts im Bereich der DDR. Diese zentrale Funktion hatte naturgemäß das West-Berliner Archiv nicht. Ein zweiter Unterschied bestand darin, daß von Beginn der archivarischen Arbeit an im Bereich der Akademie der Künste der DDR vorrangig archivwissenschaftlichen Grundsätzen gefolgt wurde, es wurde also beim Bestandsaufbau konsequent das Provenienzprinzip angewandt, im Bereich der West-Berliner Akademie der Künste standen eher bibliothekarische Methoden im Vordergrund. Wir hatten also die Aufgabe zu lösen, beide Prinzipien in einem System zu vereinen, das die Vorteile des einen mit den Vorteilen des anderen zu verbinden sucht.

Die Gliederung des Archivs der Akademie der Künste entspricht der Mitgliederakademie. Jeder Mitglieder-Abteilung ist – auf Ausnahmen komme ich noch zu sprechen – eine Archivabteilung zugeordnet.

Die Archivabteilung Literatur ist innerhalb der Stiftung Archiv der Akademie der Künste die größte Abteilung, hier hat der allgemeine Wandel des Kunstbegriffes noch kaum Folgen. Es stellt sich aber ein anderes Problem: mit der Einführung von Textprogrammen, der Nutzung des Personalcomputers droht eine ganz wichtige Überlieferungsform verloren zu gehen: die verschiedenen Zwischenstufen des Textes. Im idealtypischen Fall liegt uns von der ersten Notiz über eine Skizze, ein Exposé, eine frühe Fassung bis hin zur Druckfassung alles vor, was die Genese eines Textes ausmacht. Am Computer jedoch kann der Text sehr bequem und schnell bearbeitet werden, ohne daß diese Veränderungen Spuren hinterlassen. Wenn Sie im Gegensatz dazu Manuskripte „älterer" Autoren nehmen, so sind diese manchmal kleine Kunstwerke, was Schriftbild, Farben, Klebungen anbelangt. Vielleicht kennen Sie die Eintragung Brechts in seinem Tagebuch, wo er unter dem Datum vom 12.4.41 schreibt: „merkwürdig, wie das manuskript während der arbeit zum fetisch wird! ich bin ganz abhängig vom aussehen meines manuskripts, in das ich immerfort einklebe und das ich ästhetisch auf der höhe halte ...".

Wir haben versucht, diese Zwischenstufen zu erhalten, indem wir Autoren gebeten haben, einen Ausdruck herzustellen und ihn aufzubewahren, dies aber ist eine eher unzureichende Aushilfe. Generell müssen wir davon ausgehen, daß diese Quellengruppe innerhalb literarischer Nachlässe quantitativ abnehmen wird.

Die zweite Abteilung – ich nenne sie in der Reihenfolge ihrer Größe, das hat nichts mit ihrer Bedeutung zu tun – nennt sich Archivabteilung Darstellende Kunst und Film. Hier haben wir den Fall, daß eine Archivabteilung für zwei Mitglieder-Abteilungen zuständig ist. Wir sind aber dabei, dies zu ändern

28

und der Film- und Medienabteilung eine eigene Archivabteilung gewissermaßen gegenüberzustellen, da das Selbstverständnis der Film- und Medienkünst-
ler doch ein ganz anderes ist als das der Darstellenden Künstler. Es gibt in dieser Archivabteilung noch eine Besonderheit: unsere Arbeitsgruppe Theaterdo-
kumentation. Sie dokumentiert ausgewählte Inszenierungen, wirkt also aktiv
nicht nur bei der Sicherung von Quellen, sondern auch bei deren Herstellung
mit, ein aus archivischer Sicht ungewöhnliches und theoretisch nicht ganz un-
problematisches Verfahren, das zu erläutern und zu analysieren hier nicht der
Ort ist.

In der Darstellenden Kunst ist ja das Werk, das eigentlich der Gegenstand
unserer Arbeit ist, nicht vorhanden, sondern das Werk ist im strengen Sinne
die Aufführung, die am Abend stattfindet. Alles, was uns zur Verfügung steht,
sind sekundäre Materialien – Drehbücher, Rollenbücher, Inszenierungsunter-
lagen, Fotoserien und Videoaufzeichnungen, die wir zum Teil selbst herstellen
oder herstellen lassen. Der Aufwand ist nicht unerheblich und die Finanznot,
die uns natürlich genauso trifft wie wahrscheinlich alle hier im Raum, setzt
uns enge Grenzen.

Die dritte Abteilung ist die Archivabteilung Bildende Kunst. Mit der ursprünglichen Kunstsammlung quasi als Archivabteilung für Bildende Künste
sind wir im Laufe der Zeit in eine Problemzone geraten, und zwar insofern, als
die Kunstsammlung rein ästhetischen Gesichtspunkten folgen muß. Diese Kri-
terien können aber wiederum für eine Archivabteilung nicht allein ausschlaggebend sein. Nun ergab sich ein Konflikt zwischen der archivarischen Denk-
weise, eine möglichst breite kulturhistorische Quellenbasis anbieten zu können, und dem Prinzip, das der Kunstsammlung eigen ist, möglichst nur herausragende Leistungen in ihren Bestand aufzunehmen. Deshalb wurde aus der
Kunstsammlung eine Archivabteilung herausgelöst, die die Personalarchive
betreut, so daß jeder Bereich seinen ureigenen Regeln gemäß arbeiten kann.

Die Archivabteilung Musik betreut sowohl klassische Notenhandschriften
als auch moderne Formen der Notierung, die äußerlich kaum noch Ähnlich-
keiten aufweisen.

Erstaunlicherweise sind Veränderungen in der Art der Archivalien im Bereich der Baukunst noch gering, hier haben wir eher mit Verzeichnungs-, La-
gerungs- und restauratorischen Problemen zu kämpfen.

Der Vollständigkeit halber nenne ich noch das Historische und Verwal-
tungsarchiv, das die Akten, das Schriftgut der Institution, bewahrt und unsere
Bibliothek mit ca. 400 000 Bänden, die sich auf die Primär- und Sekundärliteratur zu den bei uns verwahrten Beständen spezialisiert hat. Einen wichtigen
Teil bilden die Nachlaßbibliotheken, die in unserem Hause nicht von Archivaren, sondern von Bibliothekaren bearbeitet werden. Die Einheit von künstleri-

schem Nachlaß und Arbeitsbibliothek ist mit der Zusammenfügung von Findbuch und Journalliste problemlos herstellbar.

Trotz der Kürze der Beschreibung der Abteilungen werden Sie sich vorstellen können, daß die Stiftung Archiv der Akademie der Künste außerordentlich heterogenes Material zu betreuen hat. Dennoch existieren in nahezu allen Beständen Archivaliengruppen, die immer wieder auftauchen, und es gibt variable Spezifika, die nur dieser einen Archivabteilung und ihren Dokumenten eigen sind. Daraus ergibt sich natürlich ein großes Problem für die Verzeichnung, will man nicht den Weg einzelner, inkompatibler Insellösungen gehen.

3. Die Zielrichtung eines einheitlichen Archivierungsmodells

Nicht von ungefähr ist der Typ des künstlerischen Spezialarchivs die häufigste Archivform. Obgleich auch in diesen Archiven die Nachlässe in ihrer individuellen Gestaltung Probleme in Hülle und Fülle aufwerfen, sind es aber immer Nachlässe einer Kunstgattung. Die Beherrschbarkeit dieser Schwierigkeiten ist daher eher gegeben als in einem Kunstarchiv wie dem unseren, das in allen Kunstsparten sammelt und das – will es seine Einheit bewahren – ein Verzeichnungs- und Ordnungsmodell entwickeln muß, das alle Bereiche umfaßt und abteilungsübergreifend anwendbar ist. Für unser Archiv ist der interdisziplinäre Charakter prägend, es ist sein Wesenskern.

Wir haben ein Ordnungs- und Verzeichnungssystem entwickelt, das sich auf die in allen Beständen wiederkehrenden Konstanten stützt. Die größten Diskrepanzen bestehen in der Kerngruppe unserer Bestände, in dem, was wir unter „Werk" zu subsumieren haben. Hier sind wir erst am Anfang der Problemlösung, wobei der Rahmen, der durch das elektronische Verzeichnungssystem vorgegeben ist, durchaus hilfreich sein kann. Ob aber die adäquate Beschreibung des einzelnen Dokuments, eines Vorgangs, eines Projektes, und die Verknüpfung der Verzeichnungsangaben mit den Mitteln, die wir derzeit anwenden, ausreichend gelingt, bleibt noch abzuwarten.

Wir verfolgen mit unserem Modell im wesentlichen vier Ziele: Zum einen soll die Einheitlichkeit des Gesamtarchivs auch über die Methoden der Bearbeitung der Bestände deutlich werden und erhalten bleiben. Der Benutzer soll, wenn er einmal in die Ordnungssystematik eingedrungen ist, diese abteilungsübergreifend in ähnlicher Weise immer wieder finden können. Zum zweiten: Die Findhilfsmittel, die wir erarbeiten, sollen ein möglichst getreues Abbild des organisch gewachsenen Einzelbestandes bieten. Die Form ist dabei völlig sekundär, ob sie am Bildschirm eingesehen werden oder ob dem Benutzer ein

Repertorium vorgelegt wird, ist unerheblich. Für uns ist wichtig, daß der Benutzer den Nachlaß als Einheit vor sich haben kann, faktisch in einer Kurzform, in der Art eines großen zusammenfassenden „Regests".

Zum dritten: Wir streben eine Gesamtdatei aller Dokumente des Archivs an. Das ist ein Ziel, das sicher einen Zeitraum umfaßt, den wir jetzt noch gar nicht abschätzen können, aber es ist die Vorbedingung für unser viertes Hauptziel, die Recherchemöglichkeit quer durch die Bestände und über die Archivabteilungsgrenzen hinweg. Derzeit können wir dies nur mit großem Aufwand und allenfalls hinreichender Sicherheit bewerkstelligen, immer in der Sorge, einen entlegenen Bezug, einen unvermuteten Standort übersehen zu haben.

Diese vier Ziele sind nur schrittweise zu erreichen. Wir verzeichnen unsere Bestände zur Zeit auf der Grundlage des AUGIAS-Systems, mit dem wir bisher recht brauchbare Ergebnisse erzielt haben. Aber wir haben immer wieder damit zu kämpfen, daß einzelne Abteilungen Teillösungen bevorzugen. Es gibt die Tendenz, Partikularinteressen vor das Ganze zu stellen, und sehr rasch kann die Situation eintreten, daß eine ideale Teillösung den Weg zur Gesamtlösung eher blockiert als ebnet.

4. Das Archiv als Ort der authentischen Quelle

Archive existieren nicht um ihrer selbst willen – das ist eine Binsenweisheit – sie haben eine dienende Funktion. Die Wandlungen des Kunstbegriffs berühren die Arbeit eines Kunstarchivs ganz unmittelbar. Es hat sich den Konsequenzen, die sich daraus ergeben, zu stellen. Die Rolle des Archivs als ein besonderer Teil des Gedächtnisses einer Gesellschaft, eines Volkes, einer Nation und – wenn es auch etwas pathetisch klingt – eines Teils der Weltkultur ist ernsthaft nie in Frage gestellt worden. Im Gegenteil, die zunehmende Kurzlebigkeit und Flüchtigkeit kultureller Erscheinungen fordert ein Gegengewicht. Selbstvergewisserung, Fragen nach dem Woher, Bestimmungen des eigenen Ortes in der Zeit – das Kunstarchiv ist oft der einzige oder der wesentlichste Ort, der die Instrumente zur Beantwortung dieser Fragen bieten kann. Es sollte daher bei seiner Kernaufgabe bleiben und sich auf sie konzentrieren: das Bewahren, das Erschließen der singulären, authentischen kulturgeschichtlichen Quellen – in welcher Form auch immer diese Quellen überliefert sind. Kunstarchive können keine allgemeinen und umfassenden Dokumentationsstellen von Kunstprozessen sein, obgleich das oft von uns gefordert bzw. erwartet wird, sondern sie sollten in ihren Beständen der interessierten Öffentlichkeit und der Forschung eine sichere und möglichst breite Quellenbasis bieten. Ein Kunstarchiv, das versucht, mehr als das zu tun, wozu es eigentlich ins Leben gerufen wurde, gerät sehr schnell in die Gefahr, weder das eine noch das andere wirklich mit Qualität erledigen zu können. Es wird zu einem in die Breite gehenden Informationspool, der letztendlich in der eigentlichen Funktion, nämlich diese singulären Quellen zu sichern und darzubieten, versagen muß. Ich halte es für einen gravierenden Irrtum zu glauben, daß allein der Informationsgehalt zählt. Gerade in einem Kunstarchiv wird man mit großer Deutlichkeit darauf gestoßen, daß eine digitalisierte Handschrift, ein gescanntes Gemälde, eben kein Original darstellt, daß wesentliche Eigenschaften verlorengegangen sind, Eigenschaften und Werte, die jenseits der Schwelle einer bloßen Informationsvermittlung liegen. Auch für die Erhaltung dieses – ich nenne es einmal – „humanen Potentials" trägt ein Archiv Verantwortung. Ich danke Ihnen für Ihre Aufmerksamkeit.

Prof. Dr. Peter-Johannes Schuler:
Herr Kahl, ich darf Ihnen für Ihre Ausführungen danken, Sie haben uns einen sehr interessanten Einblick in die ganz spezielle Problematik Ihres Kunstarchivs gegeben. Sie haben dabei sehr deutlich dargelegt, vor welchen Schwierigkeiten Sie stehen, um die unterschiedlichen Sammlungen und Nachlässe unter einem einheitlichen Gesichtspunkt zu erfassen. In der Abschlußdiskussion gibt es vielleicht die Möglichkeit, noch einmal auf das eine oder andere hinzuweisen, vielleicht können Sie dann auch einmal kurz darlegen, welche Erfahrungen Sie mit dem AUGIAS-Programm gemacht haben, das doch von mehreren Archiven benutzt wird und nicht immer die Erwartungen erfüllt, die man daran hat.

Ich darf nun ein ganzes Team vorstellen unter Leitung von Herrn Hempel. Herr Hempel war Leiter der Hauptabteilung „Dokumentation und Archive" des Südwestfunks in Baden-Baden. Und unter seinen vielen Tätigkeiten betreut er hier in Potsdam den Fraenger-Nachlaß. Mit ihm zusammen wird Frau Roswitha Ulrich sprechen. Frau Ulrich ist Dipl.-Germanistin und hat sich dann später weiter fortbilden lassen zur Wissenschaftlichen Dokumentarin in Potsdam. Auch sie arbeitet am Fraenger-Nachlaß. Die zweite Dame ist Frau Petra Weckel. Sie ist Dipl.-Volkswirtin, hat dann ein Studium in Politikwissenschaft, Kunstgeschichte und Sozial- und Wirtschaftsgeschichte in Hamburg mit dem Magister Artium abgeschlossen, später sich dann auch zur Wissenschaftlichen Dokumentarin ausbilden lassen und ist ebenfalls Mitarbeiterin des Wilhelm-Fraenger-Archivs hier in Potsdam.

Zum Fraenger-Nachlaß brauche ich nichts weiter zu sagen. Die Einführung wird Herr Hempel geben.

Das Erbe Wilhelm Fraengers – Probleme und Perspektiven eines Nachlaßverwalters

WOLFGANG HEMPEL

Alle Referentinnen und Referenten dieser Tagung konzentrieren sich heute auf die Probleme und Perspektiven der Nachlaßerschließung – und sie sind für diese Fragestellungen ausgewiesene Fachleute.

Ich übernehme hier eine andere Rolle: die des Nachlaßverwalters, von dessen Entscheidung es abhängt, was mit dem Nachlaß, für den er verantwortlich ist, geschieht.

Nachlaßverwalter sind für Einrichtungen, die sich um die Bewahrung und Erschließung von Nachlässen kümmern und an der Übernahme von Nachlässen interessiert sind, zwar Partner – aber werden oft als lästig empfunden. Besonders dann, wenn sie persönliche Erben sind, oft ohne besondere fachliche Kompetenz. Das Ärgernis beginnt schon bei der materiellen Bewertung des Nachlasses. Während Archive, Bibliotheken, Museen und sonstige Nachlaß-Interessenten ihre Etats möglichst wenig strapazieren möchten, haben Erben da verständlicherweise oft ganz andere Vorstellungen. Und wenn für den Nachlaß Marlene Dietrichs fünf Millionen DM gezahlt wurden und Heinrich Böll von der Stadt Köln für seinen Nachlaß (ohne die Rechte natürlich) 20 Jahre lang das Gehalt eines Beigeordneten, d.h. ca. DM 117 000,-- im Jahr bekommen sollte, dann setzt das natürlich Maßstäbe.[1]

Für mich, der ich von der Erbin Wilhelm Fraengers kurz vor ihrem Tod im September 1994 zum Testamentsvollstrecker und Nachlaßverwalter eingesetzt wurde, stellen sich allerdings ganz andere Probleme.

Aber zuerst die Vorgeschichte.

1951 erschien das erste Heft der in Amsterdam von Freunden des deutschen Dichters und Schriftstellers Wolfgang Frommel (1902-1986) gegründeten Zeitschrift CASTRUM PEREGRINI. Frommel lebte als Emigrant in den Niederlanden und hatte während der deutschen Besetzung gemeinsam mit seiner Freundin, der Malerin Gisèle van Waterschoot van der Gracht, jüdische und holländische Jugendliche in der Herengracht 401 in Amsterdam versteckt und

---

1   Claudia Wessel: Illusionen aus 300 Koffern – oder so. In: Süddeutsche Zeitung vom 28.1.1995 / dpa: Erben: Böll-Archiv ohne Publikationsrecht. In: Frankfurter Rundschau vom 27.9.1985.

damit vor dem Zugriff der Deutschen gerettet. Das Versteck nannten sie CASTRUM PEREGRINI, Pilgerburg.[1]

Die Patenschaft für die in Amsterdam erscheinende deutschsprachige Zeitschrift übernahmen neben Lothar Helbing (d.h. Wolfgang Frommel) der Kunsthistoriker Wilhelm Fraenger und Carl August Klein, der damals noch lebende Studienfreund des Dichters Stefan George und Herausgeber der von Stefan George begründeten „Blätter für die Kunst".[2]

Als Abonnent der Zeitschrift und seit Ende der vierziger Jahre in persönlichem Kontakt mit Wolfgang Frommel und seinem Kreis[3] stieß ich so zum ersten Mal auf den Namen Fraenger. Ein erster Aufsatz von Fraenger erschien 1953 in Heft 14 des CASTRUM PEREGRINI, „James Ensor: Die Kathedrale".[4]

Wilhelm Fraenger spielte in den Gesprächen, die man mit Frommel führte, immer eine große Rolle und so berichtete er auch über diesen für ihn so wesentlichen älteren Freund in seinem Radio-Interview im Südwestfunk 1978 und seinem Fernsehinterview im ZDF 1983.[5]

Beeindruckendes Dokument dieser freundschaftlichen Werkgemeinschaft ist der 1990 als Band 191-192 des CASTRUM PEREGRINI erschienene Briefwechsel Fraenger/Frommel aus den Jahren 1947-1963.[6]

Westdeutsche Leser konnten die posthum von Fraengers Frau Gustel und seiner Pflegetochter Ingeborg Baier-Fraenger herausgegebenen Monographien über Jörg Ratgeb[7], Hieronymus Bosch[8] und Matthias Grünewald[9] in westdeutschen Lizenzausgaben oder als DDR-Ausgaben im modernen Antiquariat erwerben.

---

1 Darüber berichtet Claus Victor Bock: Untergetaucht unter Freunden. Ein Bericht. Amsterdam 1942-1945, CASTRUM PEREGRINI 166-167 [zugleich Buchausgabe Amsterdam ³1989].

2 Vgl. Karlhans Kluncker: Blätter für die Kunst [1892-1919/20]. Zeitschrift der Dichterschule Stefan Georges, Frankfurt am Main 1974.

3 Vgl. Argonaut im 20. Jahrhundert. Wolfgang Frommel. Ein Leben in Dichtung und Freundschaft. CASTRUM PEREGRINI 221-222 [zugleich Buchausgabe Amsterdam 1996]. – U.a. in CASTRUM PEREGRINI 202, 1992 und 206, 1993 erschienen mehrere Berichte über freundschaftliche Begegnungen mit Frommel.

4 Vgl. Wilhelm Fraenger: James Ensor: Die Kathedrale. In: CASTRUM PEREGRINI 14, 1953, S. 5-30.

5 Vgl. Zeitgenossen. Wolfgang Frommel im Gespräch mit Klaus Figge, Südwestfunk Baden-Baden, 3.12.1978; Zeugen des Jahrhunderts. Wolfgang Frommel im Gespräch mit Klaus Figge [Film-Interview], 26.-30.10.1981, ZDF Prod. Nr. 6354/0830.

6 Wilhelm Fraenger und Wolfgang Frommel im Briefwechsel, CASTRUM PEREGRINI 191-192 [zugleich Buchausgabe Amsterdam 1990].

7 Vgl. Wilhelm Fraenger: Jörg Ratgeb. Ein Maler und Märtyrer aus dem Bauernkrieg, Dresden 1972.

8 Vgl. ders.: Hieronymus Bosch, Dresden 1975.

9 Vgl. ders.: Matthias Grünewald, Dresden 1983.

1994 veröffentlichte Ingeborg Baier-Fraenger kurz vor ihrem Tod noch eine Sammlung von Erinnerungen an Wilhelm Fraenger als Heft 214-215 des CASTRUM PEREGRINI.[1]

Als ich nach der Vereinigung 1990 in regelmäßigen Abständen in Potsdam war, um am Aufbau von Ausbildungsgängen für Archivare und Dokumentare mitzuarbeiten[2], bat mich der Herausgeber des CASTRUM PEREGRINI, Manuel Goldschmidt, Kontakt mit Ingeborg Baier-Fraenger aufzunehmen, die im noch von Wilhelm Fraenger vor seinem Tod gekauften Haus Tschaikowskiweg 4, Potsdam-Babelsberg, den Nachlaß des Gelehrten im Fraenger-Archiv betreute. Ingeborg Baier-Fraenger, die nach dem Tod Fraengers im Jahr 1964 erst zusammen mit Gustel Fraenger, nach deren Tod 1979 dann allein, das Werk Wilhelm Fraengers bearbeitete und pflegte, konfrontierte mich schon sehr bald mit der Frage, was nach ihrem Tod aus dem Haus, dem Garten, den Einrichtungsgegenständen, der Bibliothek, den Aufzeichnungen, Manuskripten und Briefen würde. Sie dachte an eine Stiftung, aber das deutsche Stiftungsrecht schien uns allen, die wir uns inzwischen mit dieser Frage beschäftigten, zu Lebzeiten von Ingeborg Baier-Fraenger ungeeignet für die Lösung zu sein. Da Ingeborg Baier-Fraenger aber darauf drang, einen Adressaten für das von ihr verwaltete Erbe Wilhelm Fraengers zu finden, entschieden sich 1992 Julius H. Schoeps, dessen Vater Hans-Joachim Schoeps ein Freund Fraengers war, Manuel Goldschmidt, der Erbe Wolfgang Frommels, und die Potsdamer Friedrich Beck[3] und Gunnar Porikys[4] mit einigen anderen Freunden des Fraenger-Archivs und natürlich Ingeborg Baier-Fraenger, die gemeinnützige Wilhelm-Fraenger-Gesellschaft e.V. zu gründen.

1994 erkrankte Ingeborg Baier-Fraenger schwer und bat mich im Juli zu sich. Sie übergab mir alle wichtigen Unterlagen und fragte mich, ob ich bereit sei, ihre Vermögensverhältnisse zu überprüfen, die sie nicht mehr ganz durchschaue, da sich bis vor einem Jahr ein guter Freund darum gekümmert habe, der sich aber seit einem Jahr nicht mehr melde.

Ich übernahm die Aufgabe und wurde von Ingeborg Baier-Fraenger An-

1   Der Kunsthistoriker Wilhelm Fraenger 1890-1964. Eine Sammlung von Erinnerungen mit der Gesamt-Bibliographie seiner Veröffentlichungen. Hrsg. Ingeborg Baier-Fraenger, CASTRUM PEREGRINI 214-215 [zugleich Buchausgabe Amsterdam 1994].
2   Wolfgang Hempel: Vom Lehrinstitut für Dokumentation Frankfurt/Main zum Institut für Information und Dokumentation Potsdam. In: Archivistica docet, hrsg. von Friedrich Beck, Eckhart Henning, Wolfgang Hempel, Potsdamer Studien Bd. 9, 1998 Potsdam und in INFO 7, Jg. 12, Heft 2, 1997, S. 101-107
3   Prof. Dr. Friedrich Beck, Landesarchivdirektor des Landeshauptarchivs Potsdam bis zum 31.01.1993
4   Publizist und Verleger in Potsdam

fang August mit einer Generalvollmacht ausgestattet, um in ihrem Namen handeln zu können.

Außerdem bat sie mich, gemeinsam mit ihrem Bruder Klaus und einem Anwalt ihr Testament so zu überarbeiten, daß es die vollständige Übertragung des Gesamtnachlasses auf eine Wilhelm-Fraenger-Stiftung oder einen entsprechenden gemeinnützigen Träger sichere.

Eine Woche, nachdem Ingeborg Baier-Fraenger ihr Testament und meine Berufung zum Testamentsvollstrecker notariell im Beisein ihres Bruders hatte beglaubigen lassen, starb sie am 3. September 1994 mit 68 Jahren.

Die erste Aufgabe des Nachlaßverwalters und der ihm noch von Ingeborg Baier-Fraenger zugeordneten Mitverantwortlichen, Bruder Klaus, Manuel Goldschmidt und Julius H. Schoeps[1], war nun, die Verwaltung des Fraenger-Hauses in zuverlässige, engagierte und kompetente Hände zu legen. Petra Weckel, eine junge Historikerin mit Kunstgeschichte im Nebenfach, die 1995 in Potsdam ihre Ausbildung zur Wissenschaftlichen Dokumentarin am Institut für Information und Dokumentation (IID) an der Fachhochschule Potsdam absolvieren wollte und die zum CASTRUM PEREGRINI schon seit ihrer Schulzeit einen Kontakt hatte, zog ins Fraenger-Haus und schrieb ihre Hausarbeit am IID über das Thema „Die Welt des Hieronymus Bosch"[2]. Seit Abschluß ihrer Ausbildung zur Wissenschaftlichen Dokumentarin Ende 1995 lebt Petra Weckel weiter im Fraenger-Haus, betreut das Archiv und arbeitet an einer Dissertation über Fraenger.[3]

Nachdem sich auch nach dem Tod von Ingeborg Baier-Fraenger die Errichtung einer Wilhelm-Fraenger-Stiftung als zu kompliziert erwiesen hatte, wurde Ende 1996 gemäß einer alternativen testamentarischen Verfügung von der Wilhelm-Fraenger-Gesellschaft das Wilhelm-Fraenger-Institut als gemeinnützige GmbH gegründet, der bis Ende 1997 der gesamte Fraenger-Nachlaß einschließlich Haus und Grundstück übertragen werden wird.

Das Fraenger-Haus, auf dem zur Zeit noch ein Restitutionsanspruch liegt, müßte vollständig saniert werden, wenn die Wohnungseinrichtung Fraengers und seiner Erben und der Nachlaß dort weiterhin ihren Platz behalten sollten. Eine wirtschaftliche Nutzung des Fraenger-Hauses wäre dann nicht möglich. Die Mittel für Sanierung und Unterhalt müßten über Spenden und sonstige Zuwendungen beschafft werden. Hier liegt für den, für die Nachlaßverwalter in

---

1 Prof. Dr. Julius H. Schoeps, Direktor des Moses-Mendelssohn-Zentrums für europäisch-jüdische Studien an der Universität Potsdam
2 Petra Weckel M.A.: Die Welt des Hieronymus Bosch, Hausarbeit am Institut für Information und Dokumentation (IID) an der Fachhochschule Potsdam, 1995 (Manuskript)
3 Petra Weckel M.A. (Stipendiatin der Friedrich-Naumann-Stiftung): Wilhelm Fraenger, ein Leben zwischen Kunstgeschichte und Volkskunde. In: deutsche studien, Heft 134, 1997, S. 17ff.

Zeiten wirtschaftlicher Rezession und leerer öffentlicher Kassen mittelfristig ein schwer lösbares Problem. Natürlich könnten schriftlicher Nachlaß und Bibliothek Fraengers in eines der Nachlaßarchive in Berlin oder nach Baden-Württemberg gegeben werden, wo Fraenger bis zu seiner Übersiedlung nach Berlin 1938 in Heidelberg und Mannheim lebte und wirkte. Damit würde aber der verständliche Wunsch von Ingeborg Baier-Fraenger, Bibliothek und schriftlichen Nachlaß zusammen mit den persönlichen Gegenständen Fraengers, seiner Bildersammlung und seinen Möbeln als Ganzes zu erhalten, nur sehr bedingt erfüllt. An dem Nachlaß-Ensemble im Fraenger-Haus zeigt sich, daß die Bewahrung eines Nachlasses in dieser vollständigen Form ganz besonders geeignet ist, die Atmosphäre und den Geist eines Gelehrtenlebens lebendig zu halten.

Die beste Lösung wäre ganz sicher die Sanierung des Hauses und Nutzung als Forschungs- und Stipendiaten-Einrichtung. Aber dieses wäre nur durch eine institutionelle Förderung aus öffentlichen Mitteln oder durch einen dauerhaften privaten Sponsor zu erreichen.

Die zweitbeste Lösung, über die zur Zeit nachgedacht und vielleicht auch bald diskutiert wird, wäre die Einrichtung eines brandenburgischen Nachlaßarchivs beim Landeshauptarchiv Potsdam, das über ausreichenden und geeigneten Platz verfügt, Nachlässe in der vollständigen Form des Fraenger-Nachlasses, also mit den dreidimensionalen Gegenständen einschließlich der Möbel zu übernehmen und die Arbeitsräume der Nachlaßgeber in ihrer ursprünglichen Form wieder einzurichten. Die Idee einer solchen Lösung kam mir, als ich vom Moses-Mendelssohn-Zentrum Potsdam gebeten wurde, mir Gedanken über die Überführung des Nachlasses des jüdischen Religionsphilosophen Constantin Brunner[1] von Den Haag nach Potsdam zu machen. Auch die diesen Nachlaß verwaltende Constantin-Brunner-Stiftung[2] wünscht nicht nur die Übernahme von Bibliothek und schriftlichem Nachlaß, sondern die Wiedereinrichtung des in Holland während der Besetzung im Dritten Reich geretteten Arbeitszimmers des Gelehrten.

Für die Schaffung eines solchen Nachlaßarchivs wären also Räume erforderlich, die in der Nähe des Landeshauptarchivs liegen müßten, und es wäre Personal nötig, das diese Nachlaßräume fachlich betreut, also Archivare, Bibliothekare, Dokumentare und Museumsfachleute.

Die Ausbildungs- und Wissenschaftslandschaft in Potsdam zeichnet sich

---

1 Constantin Brunner (1802-1937), u.a. Jürgen Stenzel: Constantin Brunner – Leben, Werk, Wirkung, Bibliographie, hrsg. vom ICBI, Den Haag 1995
2 Stichting Internationaal Constantin Brunner Instituut (ICBI), Baljanstraat 8, NL-2585 VT 'S-Gravenhage

dadurch aus, daß die unterschiedlichen Hochschulen und Einrichtungen sehr gut zusammenarbeiten und auch über die verantwortlichen Personen engen Kontakt untereinander halten. Deshalb war es naheliegend, an ein Kooperationskonzept zu denken.

In Abstimmung mit dem Direktor des Landeshauptarchivs Potsdam machte ich deshalb am 19.02.1997 in einem gleichlautenden Brief an den Generaldirektor der Stiftung Schlösser und Gärten, an den Rektor der Fachhochschule Potsdam und an die Leiter der Abteilungen Wissenschaft und Kultur des Ministeriums für Wissenschaft, Forschung und Kultur des Landes Brandenburg folgenden Diskussionsvorschlag, über den noch in diesem Jahr ein Gespräch stattfinden soll:

„Die Stichting Internationaal Constantin Brunner Instituut ist auf das Moses-Mendelssohn-Zentrum mit dem Angebot zugekommen, den in Holland liegenden Nachlaß von Constantin Brunner und Teile seines letzten Arbeitszimmers nach Potsdam an das MMZ abzugeben. Ich füge Kopie der Schreiben von Herrn Jürgen Stenzel vom 20. Dezember 1996 und 19. Januar 1997 und Unterlagen über Brunner bei. In einem Gespräch mit Herrn Stenzel habe ich in meiner Funktion als Nachlaßverwalter von Wilhelm Fraenger und seiner 1994 verstorbenen Pflegetochter und Erbin Ingeborg Baier-Fraenger u.a. den Vorschlag gemacht, Möbel und Nachlaß von Brunner vorübergehend im Fraenger-Haus, Tschaikowskiweg 4, 14480 Potsdam-Babelsberg, unterzubringen, bis eine definitive Lösung gefunden ist. Hintergrund meiner Überlegungen, den Nachlaß möglichst schnell nach Potsdam zu bringen, ist das große Interesse des Moses-Mendelssohn-Zentrums, diesen Nachlaß wissenschaftlich zu bearbeiten und auszuwerten. Ich bin allerdings der Meinung, daß es nicht die Aufgabe des Moses-Mendelssohn-Zentrums sein kann, ein Nachlaß-Archiv einzurichten.

Ich schlage deshalb in Abstimmung mit dem Direktor des Brandenburgischen Landeshauptarchivs, Herrn Dr. Klaus Neitmann, vor, daß man an zuständiger Stelle in Potsdam zusammen mit interessierten Einrichtungen darüber nachdenkt, ob es nicht sinnvoll wäre, an das Landeshauptarchiv ein Nachlaßarchiv anzuschließen, das schriftliche Nachlässe, Nachlaßbibliotheken (die nur in ihrer Geschlossenheit einen besonderen archivischen Wert darstellen) und evtl. museale Einrichtungen von Gelehrten, Schriftstellern, Künstlern aufnimmt, die einen wesentlichen Bezug zu Potsdam bzw. zum Land Brandenburg haben.

Ich denke in diesem Zusammenhang auch an den schriftlichen Nachlaß, die Bibliothek und das Arbeitszimmer von Wilhelm Fraenger – das im Fraenger-Haus verwaltete Wilhelm-Fraenger-Archiv.

Eine Betreuung einer solchen Einrichtung, zu der nur entsprechende Forscher Zugang haben müßten, könnte im Rahmen von Praktika durch den Fachbereich Archiv-Bibliothek-Dokumentation der Fachhochschule Potsdam und im Rahmen der beruflichen Fortbildung zu Wissenschaftlichen Dokumentaren erfolgen.

Ich könnte mir eine Arbeitsgemeinschaft vorstellen, in der das Moses-Mendelssohn-Zentrum, das Wilhelm-Fraenger-Institut, die Fachhochschule, die Universität und die Stiftung Schlösser und Gärten gemeinsam für ein solches Nachlaß-Archiv unter der Federführung des Landeshauptarchivs Potsdam zuständig sind. Die Stiftung Schlösser und Gärten wäre als Partner wichtig, weil sich der nicht als Wohnraum zu nutzende Zwischenstock im Westflügel der Orangerie zur Unterbringung für ein solches Nachlaßarchiv anbieten würde."[1]

Da es der Wunsch der Erbin Wilhelm Fraengers war, das Erbe letztendlich in die Kultur- und Wissenschaftslandschaft Potsdams einzubringen, wurde an den Studiengang Kulturarbeit der Fachhochschule Potsdam die Anregung herangetragen, im Rahmen eines Seminars Konzepte für den Gesamtnachlaß Fraengers und die Arbeit eines „Wilhelm-Fraenger-Instituts" mit dem Archiv und der Bibliothek durch Studierende entwickeln zu lassen. Während des Wintersemesters 1996/97 und des Sommersemesters 1997 beschäftigten sich Studierende des Studiengangs Kulturarbeit unter der Leitung von Herrn Prof. Dr. Hermann Voesgen und assistiert durch Frau Petra Weckel M.A. mit einem Beratungskonzept für das Fraenger-Haus.

„Im Verlauf des Seminares machten sich die Studierenden mit der Person Fraengers, mit seinen Werken, den örtlichen Gegebenheiten des Hauses und mit dem Nachlaß Fraengers vertraut. Eine zentrale Frage des zu erstellenden Konzeptes war der künftige Umgang mit dem stark renovierungsbedürftigen Fraenger-Haus. Sollte es künftig, grundständig saniert als Veranstaltungsort erhalten bleiben oder käme es in Betracht, den kompletten Nachlaß eventuell in andere Räumlichkeiten zu verlagern? Und was könnte dann mit dem Haus, in ihm geschehen? Diese zentrale Frage konnte bis heute nicht abschließend geklärt werden, was letztendlich dem Erstellen eines Konzeptes im Wege stand.

Das Seminar entschloß sich deshalb, zunächst das öffentliche Interesse an einem Veranstaltungsort wie dem Fraenger-Haus, das durch die vollständig erhaltene und prinzipiell nutzbare „Gelehrtenwohnung" mit ihrem besonderen Charme besticht, zu prüfen. Gegen Ende des zweiten Semesters wurde daher ein Ideen-Salon einberufen. Zu dieser Veranstaltung wurden verschiedene Persönlichkeiten aus dem kulturellen Umfeld der Stadt: aus der Kulturverwaltung der Stadt und des Landes, WissenschaftlerInnen, KünstlerInnen und andere Kulturinteressierte eingeladen. Mit kurzen Vorträgen wurde den Anwe-

---

1 Ein Gespräch über diesen Vorschlag wird noch 1997 im Ministerium für Wissenschaft, Forschung und Kultur des Landes Brandenburg stattfinden.

senden das Anliegen der Studierenden vermittelt und die Person Wilhelm Fraenger vorgestellt. Ziel des Abends war eine Diskussion über das regionale Interesse an einer Einrichtung, wie dem Wilhelm-Fraenger-Institut und die Entwicklung von Ideen zu möglichen Veranstaltungen. In dem anschließenden Gespräch bestand einhellig die Meinung, daß die Räume dem lebendigen Austausch dienen sollten. Eine auf Archiv und Museum beschränkte Nutzung würde der besonderen Situation nicht gerecht werden. Da die geringe Flexibilität der Räumlichkeiten und auch der begrenzte Platz eine variable Nutzung mit größerem Besucherkreis ausschließt, entstand die Idee, eine Art Salon zu etablieren. Der „Salon" sollte ein einigermaßen fest terminierter, wiederkehrender Abend sein, der zu thematischen Gesprächen einlädt. Möglich wären Referate, Vorträge oder Diskussionsveranstaltungen aus allen thematischen Bereichen, die einen Bezug zu Fraenger herstellen lassen. Der Besucherkreis wäre variabel, aber zahlenmäßig einigermaßen eingegrenzt zu halten. Anstrebenswert wäre dabei das Prinzip einer persönlichen Einladung, so daß sich nach und nach ein fester Kern bilden könnte, der aber nicht hart umgrenzt wäre, sondern durch einen kontinuierlichen Wechsel einzelner TeilnehmerInnen eine gewisse belebende Dynamik besäße"[1]

Eine Schriftenreihe wurde inzwischen im Verlag für Berlin-Brandenburg Potsdam begründet. Wilhelm Fraenger hatte nach dem ersten Weltkrieg zusammen mit Carl Zuckmayer den schwedischen Dichter und Liedermacher Carl Michael Bellman (1740-1795) wieder entdeckt. Zuckmayer schreibt darüber in seinen Lebenserinnerungen[2]:

„Carl Michael Bellman, der Anakreon des nordischen Rokoko, Dichter, Komponist, Musikant, Lieblingsautor des König Gustafs des Dritten und früh verstorbenes Saufgenie, ist in Schweden heute noch jedem Menschen bekannt. Ich hatte ihn schon früher für mich entdeckt, und durch Fraenger, der seine Gesänge und Episteln meisterlich zur Laute vortrug, war er unserem Kreis vertraut und unentbehrlich geworden. Die ersten Takte seiner schönsten Melodie, 'Weile an dieser Quelle' hatten wir zu unserem Stammpfiff gemacht, mit dem wir uns zu jeder Tages- und Nachtzeit aus unseren Buden herauslocken und noch jahrelang, wo immer wir uns trafen, auf Distanz kenntlich machen konnten."[3]

---

1   Bericht von Petra Weckel M.A.
2   Carl Zuckmayer: Als wär's ein Stück von mir, S. Fischer Verlag, Frankfurt/Main, 1966, Lizenzausgabe für den Europäischen Buch- und Phonoclub Reinhard Mohn, Stuttgart, S. 280ff.
3   Zitiert aus: Carl Zuckmayer: Doktor Wilhelm Fraenger unvergänglichen Angedenkens. In: Ingeborg Baier-Fraenger (Hrsg.): Der Kunsthistoriker Wilhelm Fraenger 1890-1964. Eine Sammlung von Erinnerungen, CASTRUM PEREGRINI Presse Amsterdam, 1994, S. 11

Da war es naheliegend, daß die unvergleichlichen Nachdichtungen der Bellmanschen Dichtungen „Fredmans Episteln" von Fritz Graßhoff[1] 1995 vom ursprünglich als Wilhelm-Fraenger-Stiftung konzipierten Wilhelm-Fraenger-Institut veröffentlicht wurden.[2]

Um den Nachlaß möglichst bald der Wissenschaft zugänglich machen zu können, beantragten der Rektor der Fachhochschule Potsdam und der Vorsitzende der Wilhelm-Fraenger-Gesellschaft im Februar 1997 bei der Deutschen Forschungsgemeinschaft für achtzehn Monate die Finanzierung einer Bibliothekarin zur Erschließung der Gelehrtenbibliothek und der Direktor des Moses-Mendelssohn-Zentrums für europäisch-jüdische Studien an der Universität Potsdam im gleichen Monat bei der Volkswagenstiftung für ebenfalls achtzehn Monate die Finanzierung einer Dokumentar-Stelle zur Erschließung des schriftlichen Nachlasses. Seit dem 1. September 1997 arbeiten zwei Bibliothekarinnen halbtags in der Fraenger-Bibliothek unter der fachlichen Aufsicht der Bibliotheksleiterin der Fachhochschule im Rahmen des genehmigten DFG-Projekts. Die Entscheidung der Volkswagen-Stiftung steht noch aus.

In Vorbereitung ist das Projekt der Edition des noch unveröffentlichten Briefwechsels Fraengers von ca. 4 000 Briefen. Unter den ca. 380 Korrespondenzpartnern befinden sich Namen von Arnold d'Ailly, führend im holländischen Widerstand und erster Nachkriegsbürgermeister von Amsterdam, Johannes R. Becher, Emil Belzner, Horst Caspar, Christine Derleth, Berta Drews, Walter Felsenstein, Wolfgang Fortner, Max J. Friedländer, Luitpold Frommel, Heinrich George, Werner Gothein, Dr. Henry Goverts, Friedrich Gundolf, Walter Hammer, Geno Hartlaub, Walter Kiaulehn, Klabund, Hilde Körber, Alfred Kubin, Michael Landmann, Alexander Rüstow, Arno Schmidt, Carl Schmitt, Hans-Joachim Schoeps, Hans Sedlmayr bis Carl Zuckmayer.

Ingeborg Baier-Fraenger hat in ihrem Testament verfügt, daß die von ihr eingesetzten Verfügungsberechtigten über das Erbe Klaus Baier, Manuel Goldschmidt, Wolfgang Hempel und Julius H. Schoeps unter der Federführung des Testamentsvollstreckers

a) das Wilhelm-Fraenger-Archiv und die Sammlung von Dokumenten, Materialien und Literatur von und über Wilhelm Fraenger ausbauen, pflegen und verwalten sollen,

---

1 Fritz Graßhoff, geb. 9.12.1913 in Quedlinburg, gest. 24.2.1997 in Hudson/Québec (Kanada), Schriftsteller und Maler.
2 Fritz Graßhoff: Bellman auf Deutsch, Fredmans Episteln (aus dem Schwedischen des XVIII. Jahrhunderts singbar ins Deutsche gerückt nebst dem Lebenslauf des Dichters Carl Michael Bellman, den Zeitumständen, einer Auslegung des Werkes und Vignetten), 1995, Verlag für Berlin-Brandenburg Potsdam

b) Veranstaltungen zum Leben, Werk und zur Wirkung Wilhelm Fraengers und die Herausgabe seiner Werke und sonstiger Publikationen zu Fraenger und im Sinne Fraengers durchführen sollen,

c) Forschung auf dem Gebiet der Geistes-, Kultur- und Kunstwissenschaft, insbesondere der Kunstgeschichte, Volkskunde, empirischen Kulturforschung, Literaturgeschichte fördern und Seminare und Tagungen veranstalten sollen.

Als Verwaltungsrat des „Wilhelm-Fraenger-Institut" gemeinnützige GmbH Potsdam werden sie versuchen, das Erbe Fraengers nicht nur zu bewahren und zu sichern, sondern auch eine solide und tragfähige Grundlage für die weitere Zukunft zu schaffen, und sie werden sich bemühen, dieses Erbe in die Kultur- und Wissenschaftslandschaft Potsdams und des Landes Brandenburg einzubringen – wenn denn Potsdam und das Land Brandenburg das auch wollen.

Nachlaßerschließung im Wilhelm-Fraenger-Archiv: eine Kombination aus Archiv, Museum und Forschungsstätte

ROSWITHA ULRICH

Mit meinem Vortrag möchte ich Ihnen sowohl den Kunsthistoriker und Volkskundler Fraenger vorstellen als auch einen Eindruck von seinem Nachlaß, der im Wilhelm-Fraenger-Archiv liegt, vermitteln. Da ich – wenn die VW-Stiftung einen positiven Bescheid gibt – den Bestand des Archivs elektronisch erschließen werde, unterbreite ich Ihnen abschließend meinen Plan zur Durchführung der Erschließung. Gerade zu diesem Punkt erwarte ich von der Tagung Anregungen und Hinweise auf dem Weg zur Anwendung einheitlicher Standards bei der Nachlaßerschließung.

Wilhelm Fraenger wird 1890 in Erlangen als Sohn des Justizrates und späteren Bürgermeisters von Erlangen, Emil Fraenger, und dessen Frau Wilhelmine, geb. Reich, geboren und stirbt 1964 in Potsdam. Er besucht die Volksschule und später die humanistischen Gymnasien in Erlangen, Ingolstadt und Kaiserslautern. Im Wintersemester 1910 beginnt er an der Universität Heidelberg das Studium der Kunstgeschichte und Volkskunde, mit dem Schwerpunkt niederländische Kunst der Renaissance. Sein Lehrer ist der Rembrandtspezialist Carl Neumann, bei dem er 1916/17 auch promoviert. Unterbrochen wird die Studienzeit für drei Semester durch den Einsatz Fraengers als Gefreiter im Ersatzbataillon Karlsruhe.

Neben seinem Studium engagiert sich Fraenger, im engen Kontakt zum Heidelberger Kunstverein, für die Neue Kunst der Expressionisten. In dieser Zeit lernt er den expressionistischen Maler Max Zachmann (1892-1917), dessen Kunstwerke unschwer dem Brücke-Kreis zuzurechnen sind, kennen. Ein Teil seiner Werke befindet sich im Wilhelm-Fraenger-Archiv.

Fraengers Bemühen, den Bürgern Heidelbergs die Augen für die gesellschaftliche Bedeutung dieser Kunstrichtung zu öffnen, stößt auf Unverständnis. Folgerichtig verlegt er seine Aktivitäten auf einen Kreis von interessierten Studenten, der 1919 gegründeten sogenannten 'GEMEINSCHAFT'. Über diesen Weg führt Fraengers Bekanntschaft mit Carl Zuckmayer, der nachhaltig beeindruckt ist. Ein Jahr später kommt es zur ersten Begegnung mit Heinrich George anläßlich einer Matinee zu Ehren Oskar Kokoschkas, die unter Mitwirkung Georges im Frankfurter Neuen Theater stattfindet.

Auf dem Gebiet der Volkskunde arbeitet Fraenger in der ersten Hälfte der 20er Jahre intensiv an der Herausgabe eines 'Jahrbuchs für historische Volkskunde', dessen ersten Band er 1925 herausgibt. Im April 1927 geht er mit seiner Frau Gustel nach Mannheim und tritt dort die Stelle als Direktor der Schloßbibliothek an. Sechs Jahre später verliert er mit der Machtergreifung der Nationalsozialisten aus politischen Gründen diese Stellung.

Bis zu seiner Übersiedlung nach Berlin 1938, wo er als dramaturgischer Berater am Schiller-Theater unter der Intendanz Heinrich Georges tätig wird, verdient er den Lebensunterhalt für sich und seine Frau als freier Autor u.a. für die Mitternachtssendungen Wolfgang Frommels beim Reichssender Frankfurt. Mit Frommel verbindet ihn bis an sein Lebensende eine enge und fruchtbare Freundschaft, deren sichtbares Zeugnis die intensive Zusammenarbeit bei der inhaltlichen Konzeption der in Amsterdam erscheinenden literaturwissenschaftlichen Zeitschrift 'Castrum Peregrini' ist.

Jede freie Minute nutzt er jedoch für die Arbeit an den Themen, die ihm besonders am Herzen liegen– Bosch, Grünewald und Ratgeb. So erscheint sein international hochgelobtes Grünewald-Buch 1935 in Berlin. Nach der Bombenzerstörung des Schiller-Theaters im September 1943 verläßt Fraenger Berlin und zieht nach Päwesin, einem kleinen Dorf in der Nähe von Brandenburg.

Nach dem Ende des Krieges – kurzzeitig ist Fraenger Bürgermeister des Dorfes – erhält er 1946 das Angebot, Stadtrat und Leiter des Volksbildungsamtes von Brandenburg zu werden. In dieser Funktion beginnt er, das städtische Leben kulturell zu beleben – er baut u.a. die Volkshochschule auf –, doch sein Ausschluß aus der SED bereitet dem ein jähes Ende.

1952 geht Fraenger nach Potsdam. Er wird, von Professor Steinitz mit offenen Armen begrüßt, im selben Jahr als Mitarbeiter der Akademie der Wissenschaften Berlin, Forschungsbereich Volkskunst eingestellt und ein Jahr später zum stellvertretenden Direktor am Institut für Deutsche Volkskunde berufen.

Hervorzuheben ist das von Fraenger 1954 herausgegebene 'Jahrbuch für deutsche Volkskunde'. Schwerpunkt seiner Forschungen in diesen Jahren sind darüber hinaus die bereits in den 30er Jahren begonnenen Ratgeb-Studien. 1955 wird Fraenger zum Professor ernannt. Sein gesundheitlicher Zustand verschlechtert sich zusehends, Fraenger leidet zeitlebens an Bechterew. Dennoch nimmt er an unzähligen Tagungen im In- und Ausland teil, bis er 1959 aus dem Angestelltenverhältnis ausscheidet und über einen Mitarbeitervertrag verpflichtet wird.

Am 19. Februar 1964 stirbt Wilhelm Fraenger. Erst nach seinem Tod erscheinen dank der immensen Anstrengungen seiner Frau und seiner Pflegetochter Ingeborg Baier-Fraenger die Schriften zu Ratgeb und sämtliche Bosch-Publikationen erstmalig zusammengefaßt in der herausragenden Bosch-Monographie.

44

Von den Behörden der DDR als privates Archiv anerkannt, werden die unveränderten Arbeits-, Bibliotheks- und Archivräume nach dem Tod der Witwe 1978 von der Alleinerbin Ingeborg Baier-Fraenger bis zu deren Tod am 3. September 1994 weiter betreut. Um Vorsorge zu treffen für die Zukunft des Archivs, wendet sie sich bereits 1990 an die Stichting Castrum Peregrini Amsterdam und so wird 1992 die gemeinnützige Wilhelm-Fraenger-Gesellschaft e.V. gegründet. Vier Jahre später, am 30. November 1996, kommt es zur Gründung des Wilhelm-Fraenger-Instituts, dem alle von Ingeborg Baier-Fraenger nachgelassenen Vermögenswerte einschließlich Fraenger-Haus und -Archiv übereignet werden.

Das Archiv hat bekanntermaßen eine dienende und vermittelnde Aufgabe, es erschließt die erworbenen Bestände, um der interessierten Öffentlichkeit den Zugang zu ermöglichen. In unserem Fall soll dies in enger Verbindung mit dem Moses-Mendelssohn-Zentrum, der FH Potsdam und dem Brandenburgischen Landeshauptarchiv Potsdam geschehen.

Neben der Fraenger-Bibliothek, die gesondert erschlossen werden wird, befindet sich im Fraenger-Haus ein umfangreicher Nachlaß, der aus dem schriftlichen Nachlaß, Gemälden und Zeichnungen, Möbeln und volkskundlichen Sammlungen besteht. Der Nachlaß ist nahezu komplett erhalten und in einem guten bis sehr guten Zustand. Die Heterogenität des Bestandes läßt es sinnvoll erscheinen, die den Nachlaß bildenden Dokumente aufgrund ihrer inhaltlichen Zusammengehörigkeit zu folgenden Gruppen zusammenzufassen. Um Ihnen eine ungefähre Vorstellung vom Umfang des Bestandes zu geben, nenne ich ergänzend einige Zahlen.

a) *Werkmanuskripte*
   Dazu zählen u.a. Arbeitsnotizen, Exzerpte, Gutachten, Literaturzusammenstellungen, Reden, Überarbeitungen, Vorträge in insgesamt mehr als 150 Mappen und Ordnern.
b) *Korrespondenzen*
   Der private und wissenschaftliche Briefwechsel ist in mehr als 100 Mappen aufbewahrt.
c) *Lebensdokumente*
   Die Dokumente aus dem privaten Leben Fraengers sind in 3 Archivgutbehältern aufbewahrt.
d) *Sammlungen*
   Diese umfassen u.a. Autographensammlungen, Sonderdrucke und Zeitungsausschnitte, aufbewahrt in 10 Heftern und in 24 Schubladen der Dielenkartei.

e) *Abbildungen*
Die Fotos sind sowohl in 3 Alben erfaßt als auch in 5 Kartons, ca. 200 Dias befinden sich in Diakästen und mehr als 30 Plakate im Graphikschrank. 3 Kartons umfaßt der Bestand an Postkarten.
f) *Sammelstücke*
Hierzu zählen Graphiken, Gemälde, Drucke, Terrakotten und Möbel.

Auf den Gesamtbestand bezogen ergibt sich ein Umfang von ca. 15 lfM, überwiegend gelagert in Mappen und Ordnern.

Die Überlieferungslage dokumentiert den wesentlichen Lebensabschnitt des Kunsthistorikers Fraenger von 1919 bis zu seinem Lebensende sowie die Tätigkeit seiner Gattin Gustel Fraenger und seiner Pflegetochter Ingeborg Baier-Fraenger über sein Ableben hinaus. Die nach dem Tode Fraengers notwendigen Arbeiten zur posthumen Herausgabe seines Lebenswerkes schlagen sich in der Aktenbildung nieder, diese erfolgte jedoch in starker Anlehnung an die Vorgehensweise des Nachlassers.

In diesem Zusammenhang möchte ich anmerken, daß ich mir durchaus der im Falle des Fraenger-Archivs nicht unproblematischen Unterscheidung zwischen echtem und angereichertem Nachlaß bewußt bin. Aber ich halte es dennoch für sinnvoll, in diesem konkreten Fall eine strikte Unterscheidung zu vermeiden, da die nach dem Tode Fraengers hinzugekommenen Teile des Nachlasses nahtlos an die bereits vorhandenen anschließen.

Sowohl die Verlags- als auch die private Korrespondenz Fraengers wurden in seinem Sinne weitergeführt. Unermüdlich vervollständigten die beiden Frauen die Sammlungen Fraengers, zu seiner Person, seinen wissenschaftlichen Themen und zu ihm nahestehenden Personen. So soll an dieser Stelle – man kann es nicht oft genug tun – die herausragende Arbeit von Ingeborg Baier-Fraenger gewürdigt werden.

Die alles entscheidende Frage jedoch, von deren Beantwortung letztendlich auch die Bewilligung der Gelder durch die VW-Stiftung abhängt, ist die nach der Bedeutung des Bestandes für die Forschung. Denn es lohnt sich nur dann, ein Archiv einzurichten, wenn Informationen aus der Vergangenheit häufig benötigt werden oder wenn sie 'bedeutend' einmalig sind.

Zu letzterem zählen zweifellos die Materialien der Studien Fraengers zu Bosch, Grünewald und Ratgeb, die von den Quellenstudien über Literatursammlungen bis zu Manuskripten in verschiedenen genetischen Stufen vorliegen und sich durch ihre Geschlossenheit auszeichnen. Persönlichkeiten wie der Dadaist Hans Arp, die Schauspielerin Berta Drews, der Bildhauer und Maler Werner Gothein, der Kinderbuchillustrator Ernst Kreidolf, der Maler Alfred Kubin und der Kunsterzieher Fritz Wichert seien stellvertretend genannt für eine lange Liste von Korrespondenzpartnern, mit denen Fraenger eine oft lebenslange Freundschaft verband. Die überlieferten Briefe sind oftmals detaillierte Ausführungen der Arbeitsschritte Fraengers, aber sie sind zudem auch Zeugnisse der sozialgeschichtlichen Entwicklung und Belege der Beziehungen Fraengers zu seinen Zeitgenossen. Im Ergebnis der Erschließung des Bestandes soll ein Findbuch vorliegen, dessen Veröffentlichung im Verlag für Berlin und Brandenburg geplant ist.

Im abschließenden Teil meines Vortrages werde ich Ihnen wie angekündigt, kurz die für das Erreichen des genannten Zieles notwendigen Arbeitsschritte skizzieren. Ich bitte um Ihr Verständnis, daß dieser Teil meiner Ausführungen doch auf einer sehr theoretischen Ebene bleibt. Um so mehr hoffe ich, in Kürze mit der praktischen Umsetzung beginnen zu können.

Die **1. Phase** beinhaltet das intensive Einarbeiten in den Inhalt und Gegenstand des Bestandes (Stichworte wie Überlieferungslage, Ordnungszustand und Bestandsgeschichte gehören in diesen Zusammenhang), desweiteren die Einarbeitung in das Datenverarbeitungsprogramm AUGIAS, welches die Arbeitsgrundlage zur Erschließung des Bestandes bildet, und die Bestandsbildung und -abgrenzung (ich habe bereits das sich in diesem Fall ergebende Problem erwähnt) mit dem Ziel, die Genese und Wirkungsgeschichte der Werke Fraengers so weit als möglich nachvollziehbar zu machen.

Die **2.** und zugleich umfangreichste **Phase** schließt die Ordnung und Verzeichnung des Bestandes und die technische Behandlung der Archivalien ein. Entsprechend den Grundsätzen und Verfahren der Inventarisierung erfolgt die Zuordnung der einzelnen Dokumente in die bereits genannten Ordnungsgruppen. Die Verzeichnung enthält die üblichen Angaben wie Archivsignatur, Inhaltsangabe, Überlieferungsform, Schreiberhand, Umfang, Erläuterungsvermerke und Verweise, deren Anwendung jedoch nach der Bedeutung des Inhalts in unterschiedlicher Vollständigkeit und Intensität variiert. Vorrangiges Problem der technischen Behandlung ist das Umsortieren der Dokumente in archivgerechte Mappen, Ordner und Kästen als restaurative Maßnahme.

Herstellung und Redaktion des Findbuches, das die eindeutige Zuordnung zwischen Findhilfsmittel und Bestand über die Signatur ermöglicht, bilden die abschließende **3. Phase.**

An dieser Stelle sollten sich jetzt Ausführungen zum Archivierungsprogramm AUGIAS, das in unserem Fall die Grundlage für die elektronische Erschließung darstellt, anschließen, aber bis auf zwei oder drei Vorführungen durch Mitarbeiter der Stiftung Archiv der Akademie der Künste verfüge ich bisher leider über keine weiteren Erfahrungen. Das Programm hat uns dennoch überzeugt, vor allem dadurch – und da bin ich beim eigentlichen Thema dieser Tagung –, daß dessen Anwendung durch das Fraenger-Archiv die Kom-

47

patibilität von Datenformaten ermöglicht, wir auf die Fachkenntnisse der Archivmitarbeiter zurückgreifen können und dies ein entscheidender Schritt auf dem Weg zur Anwendung einheitlicher Standards auf regionaler und überregionaler Ebene ist.

„Die Welt des Hieronymus Bosch"
Eine multimediale Datenbank auf der Basis von LARS II

PETRA WECKEL

1. Einleitung

Mit meinen Ausführungen möchte ich Ihnen heute eine multimediale Datenbank vorstellen, die ich bereits vor zwei Jahren als Abschlußarbeit am IID in Potsdam erstellt habe. Mein Anteil an der Arbeit umfaßte die Konzeption, während die Implementation von meinem Kommilitonen Peter Kress, ebenfalls als Abschlußarbeit am IID, vorgenommen wurde.[1] Zugrunde lag dieser Arbeit der Versuch, den heterogenen Bestand des Fraenger-Archivs in einer relativ einfachen, pc-basierten Anwendung zu erschließen, zu erfassen und damit digital zugänglich zu machen.

Zunächst soll die Entstehung der Anwendung erläutert und dann ihr Aufbau, soweit dies ohne konkrete Vorführung möglich ist, vorgestellt werden.

Zur Verfügung stand uns das Datenbanksystem LARS II, was aufgeschlüsselt den vielversprechenden Namen trägt: „Leistungsstarkes Archivierungs- und Retrieval-System". Dieses windowsbasierte Programm, das sich damals noch in einer Testphase befand und bis heute vielfach modifiziert und erweitert wurde, ermöglichte es, mit einer sogenannten „Imaging-Komponente" stehende und bewegte Bilder in die Datenbank zu integrieren sowie digitalisierte Tondokumente wiederzugeben. Die gesamte von mir entwickelte Datenbank, die jeweils aus mehreren, relational miteinander verknüpften Unterdatenbanken besteht, wird, der LARS-Terminologie folgend, als *Anwendung* bezeichnet. Eine Anwendung besteht also aus einer zentralen Datenbank, auf die im Normalfall zuerst zugegriffen wird, und die durch beliebig viele Unterdatenbanken ergänzt wird. „Innerhalb einer Anwendung können bis zu 60 000 Datenbanken miteinander verknüpft werden. Eine Datenbank kann bis zu 330 Millionen Dokumente (Datensätze) verwalten. Innerhalb einer Datenbank können bis zu 60 000 Felder definiert werden, die von unterschiedlichen Da-

---

1 Vgl. Peter Kress, „Die Welt des Hieronymus Bosch" – eine multimediale Modell-Datenbank auf der Grundlage von LARS II, Ms. Potsdam 1996 sowie Petra Weckel, „Die Welt des Hieronymus Bosch" Entwicklung einer multimedialen Modelldatenbank auf der Grundlage von LARS II – Konzeption einer Datenbank für einen heterogenen kunsthistorischen Bestand im Hinblick auf die Realisierung in einem relationalen Datenbankmodell, Ms. Potsdam 1995.

tentypen sein können."[1] Allein dieser von LARS propagierte Satz gibt eine gewisse Vorstellung von der Flexibilität des Programms, das tatsächlich eine sehr individuelle Lösung der spezifischen Probleme ermöglicht.

Da ich das Wilhelm-Fraenger-Archiv betreue, lag es nahe, aus diesem einen Komplex für die Anwendung auszuwählen. Außerdem lag es nahe, einen Komplex zu wählen, der vor allem durch die optische Komponente eine große Bereicherung erfahren würde. Es sollte also etwas aus dem Bereich der Bildenden Kunst sein. Fraengers großes Thema, das ihn zeit seines Lebens begleitet hat, war die rätselhafte Welt des Hieronymus Bosch. Vielen ist die große Monographie Fraengers, die inzwischen in der 10. Auflage erschienen ist, durchaus bekannt.

Der holländische Maler Hieronymus Bosch lebte zwischen 1450 und 1516. Er hat ein umfangreiches Werk geschaffen, dessen Auslegung bis heute höchst umstritten ist. Neben großen Altarwerken und Kirchenaufträgen stehen kleine Szenen, denen allen eine eigentümliche Symbolik in Verbindung mit phantastiegeladenen Wesen, halb Mensch, halb Ungeheuer, gemeinsam ist. Da über das Leben des Malers nur sehr wenig überliefert ist, haben sich schon Generationen von Kunsthistorikern zur Interpretation der faszinierenden und viele Fragen aufwerfenden Gemälde stets des historischen Umfeldes bedienen müssen. Erschwerend kam hinzu, daß über Boschs Leben nur sehr wenig überliefert und verbürgt ist.

Wilhelm Fraenger hat seit den 30er Jahren über Hieronymus Bosch geforscht. Nach und nach hat er einzelne Ergebnisse seiner Forschung veröffentlicht, wie z.B. das 1947 in Coburg erschienene, in mehrere Sprachen übersetzte „Das tausendjährige Reich" oder „Die Hochzeit zu Kana", Berlin 1950. Fraenger ist zu einer ganz neuartigen und nicht unumstrittenen Auslegung gelangt. Seiner Meinung nach vertritt Bosch die spätmittelalterliche Ketzerkunst einer adamitisch-gnostischen Sekte, insbesondere habe er das Leben des Konvertiten Jacob von Almaengien malerisch dokumentiert.[2]

In der Anwendung „Die Welt des Hieronymus Bosch" sollte nun versucht werden, möglichst viel Material um die Werke Boschs herum zu sammeln, zu dokumentieren und damit wissenschaftlich zugänglich zu machen. Die Grundlage der Sammlung bildete das umfangreiche Material, das Wilhelm Fraenger im Laufe seines Lebens für seine Forschungen zusammengetragen hat. Konzeptionell sollte die Sammlung aber darüber hinausgehen und neben dem Werk Boschs alle möglichen Informationen über dieses, seine zeitge-

---

1   LARS II Dokumentation, Frankfurt/M. 1993, S. 10.
2   Vgl. Lexikon der Kunst, hg. von Ludger Alscher u.a., Bd. I: A-F, Leipzig 1968, S. 324 f. sowie W. Fraenger, Hieronymus Bosch, Dresden/Basel, 1975, 10. Aufl. 1994.

schichtlichen Bezüge und seine Rezeptionsgeschichte bis in die heutige Zeit umfassen.

Ziel der Anwendung sollte es sein, dem interessierten Laien die Werke in ihrer digitalen Reproduktion schnell zugänglich zu machen und durch erläuternde Texte, Filme oder auditive Dokumente zu ergänzen. Insbesondere sollte sie aber dem Wissenschaftler zur Recherche dienen, indem das Einzelmaterial durch relationale Verknüpfung mit dem jeweiligen Werk Boschs oder einem Ausschnitt des Werkes leicht auffindbar wird. Eine dritte Aufgabe der Anwendung war die Verzeichnung und Nutzbarmachung des Materialbestandes zu Hieronymus Bosch im Wilhelm-Fraenger-Archiv.

Da die Version von LARS II, mit der wir gearbeitet haben, eine sehr neue Entwicklung war, ergaben sich einige Schwierigkeiten, die sich zum Teil bei der Programmierung, zum Teil erst bei der Implementation bemerkbar machten. So konnten wir es leider nicht realisieren, Filmsequenzen aufzunehmen, obwohl dies ursprünglich vorgesehen war. Die Anwendung enthält an multimedialen Elementen also nur stehende Bilder und Tondokumente. Die implementierte Version weicht von der ursprünglich entwickelten etwas ab, kann aber die Möglichkeiten, die eine Anwendung unter LARS II bietet, dennoch gut demonstrieren.

2. Quellen

Als dokumentarische Quellen stand uns im Fraenger-Archiv eine Fülle an Material zur Verfügung. Zunächst kamen die Bücher in Frage; einerseits die Veröffentlichungen von Fraenger selbst und andererseits die Literatur über Bosch, die Fraenger in seiner Bibliothek bewahrte. Daneben lagern im Archiv eine Menge Mappen, die z.T. Aufsätze oder kleinere Artikel, Notizen Fraengers zu einzelnen Bildausschnitten und auch Skizzen beinhalten. Die Mappen sind entweder einem Werk Boschs oder einer bestimmten Fraenger-Publikation zugeordnet. Ferner gibt es in der Korrespondenz Fraengers einiges, was sich mit Bosch beschäftigt, so z. B. im Briefwechsel mit Carl Schmitt, dem konservativen Rechtshistoriker, oder im Schriftverkehr mit der Akademie der Wissenschaften.

Die erwähnten Skizzen gehören schon zu den nicht-schriftlichen Quellen, zu denen auch die vorhandenen Abbildungen der Boschwerke sowie eine umfangreiche Dia-Sammlung gehören. Als Kuriosum sei eine Mappe genannt, die moderne Bosch-Erwähnungen und -Verwendungen beinhaltet. So wurde auf dem Messegelände in Berlin von der Künstlerin Christa Biederbick anläßlich der Bundesgartenschau 1985 ein Brunnen errichtet, dem der Brunnen aus dem „Garten der Lüste" von Hieronymus Bosch als Vorlage diente.

Die Quellen des Fraenger-Archivs sind ausschließlich schriftlicher oder nicht-schriftlicher Art, also Texte oder Bilder bzw. Dias. Audio- und Video-Dokumente sind hier nicht vorhanden. Folgende Auflistung gibt einen Überblick über die verschiedenen Dokumente:
- Texte: Druckschriften, Handschriften, kombinierte Druck- und Handschriften,
- Bilder: gedruckte Bilder/Repros, handschriftliche Skizzen, Fotos, Dias.

Der Literaturbestand des Fraenger-Archivs repräsentiert nicht annähernd das, was bisher insgesamt zu Bosch publiziert wurde. Es sollten natürlich auch Titel in die Anwendung eingespeist werden, die nicht im Archiv vorhanden sind. Gleiches galt für alle anderen Dokumentarten des Archivs. Hier war ein großer Ergänzungsbedarf. Im Archiv überhaupt nicht vorhanden waren audiovisuelle Quellen. Eine Recherche in der Datenbank FESAD beim Südwestfunk ergab 15 Nennungen für Fernsehsendungen über Hieronymus Bosch, die ebenfalls aufgenommen werden sollten. Entsprechendes würde sich zu Tonträgern, sowohl in Wort- als auch Musikbeiträgen finden. Für die Musik bestand die Vorstellung, nicht nur Werke, die einen konkreten Bezug zu Bosch aufweisen, sondern auch musikalische Stücke aus der Zeit als historische Impressionen aufzunehmen.

Als Probelauf wurden rund 20 Zentraldokumente erfaßt, die durch verschiedene Zusatzdokumente aus den Unterdatenbanken ergänzt werden.

3. Der Aufbau der Anwendung

Die zentrale Datenbank ist das „Werkverzeichnis". Diese Datenbank öffnet dem Nutzer den Zugang zum Werk Hieronymus Boschs. Sie wird zum Teil aus den anderen Datenbanken gespeist und beinhaltet die umfassendsten Informationen. Um sie herum gibt es sechs weitere Datenbanken. Die „Beschreibung" enthält schriftliche Beschreibungen eines Werkes mit ihrer jeweiligen Quellenangabe. „Bibliographie" enthält Titelangaben zum Werk Boschs, die „Chronologie" historisch-chronologische Angaben über Bosch und seine Zeit. Die medialen Datenbanken, auf der Abbildung in heller Farbe zu erkennen, sind „Abbildungen", die die Bilder enthält, „Audio", die die Tondokumente auflistet und schließlich „Video", in der die bewegten Bilder abgelegt sind bzw. sein sollten. Die Datenbanken bestehen aus verschieden vielen Feldern, deren Definition sehr unterschiedlich ist. Um die Übersichtlichkeit nicht zu sehr zu strapazieren, ist auf dieser Folie nur ein kleiner Teil der tatsächlichen Felder zu sehen. Tatsächlich umfassen sie sehr viel mehr Einträge. Hierzu ist

Die Welt des Hieronymus Bosch

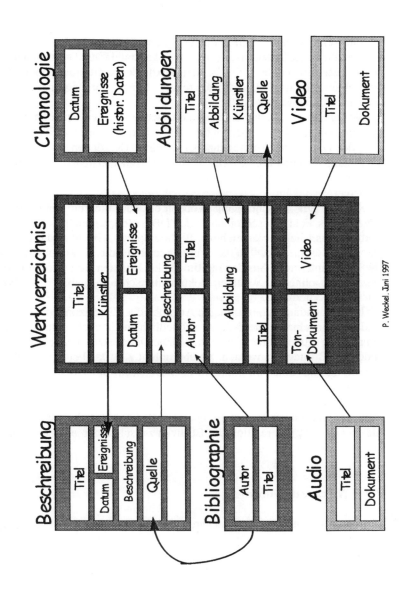

Chronologie
- Datum
- Ereignisse (histor. Daten)

Abbildungen
- Titel
- Abbildung
- Künstler
- Quelle

Video
- Titel
- Dokument

Werkverzeichnis
- Titel
- Künstler
- Datum
- Ereignisse
- Beschreibung
- Titel
- Autor
- Abbildung
- Titel
- Ton-Dokument
- Video

Beschreibung
- Titel
- Datum
- Ereignisse
- Beschreibung
- Quelle

Bibliographie
- Autor
- Titel

Audio
- Titel
- Dokument

P. Weckel, Juni 1997

53

anzumerken, daß die Definition einer Datenbank unter LARS II sehr einfach und schnell zu realisieren ist. Möglich sind alle üblichen Definitionen: numerische oder alphanumerische Felder, Textfelder, Zeitfelder, boolsche Auswahlfelder ... Es ist darüber hinaus relativ einfach, vorgenommene Definitionen nachträglich wieder zu ändern.

Nun erwähnte ich, daß die zentrale Datenbank „Werkverzeichnis" aus den anderen Datenbanken gespeist wird. Dies wird durch eine vielfältige Verknüpfung der Datenbanken untereinander bewirkt. Es können sowohl komplette Datensätze als auch nur einzelne Felder von einer Datenbank in eine andere transferiert werden. (Die dünnen Pfeile auf der Abb. verdeutlichen diesen Transfer).

Aus der DB „Beschreibung" können ein oder mehrere komplette Datensätze in das Feld „Beschreibung" der DB „Werkverzeichnis" übernommen werden. Das Literaturverzeichnis „Bibliographie" wird über die Felder „Autor" und „Beschreibung" in das Werkverzeichnis, die „Chronologie" auf gleiche Weise integriert. Aus den multimedialen Datenbanken werden jeweils die Dokumente ohne die weiteren dokumentarischen Angaben vom Werkverzeichnis übernommen.

Um Redundanzen bei formalen Angaben oder Ergänzungen zu vermeiden, sind die einzelnen Datenbanken schließlich auch noch untereinander verknüpft. Die fetten Pfeile zeigen an, welche Datensätze in welche Felder einer anderen DB integriert werden. So übernimmt z.B. das Feld „Quelle" der DB „Beschreibung" einen bibliographischen Datensatz auf. Ebenso speist sich das Feld „Quelle" der DB „Abbildungen" aus der DB „Bibliographie" etc. Auch hier sind, um einen gewissen Eindruck zu vermitteln, nur einige exemplarische Verknüpfungen dargestellt. Die eigentliche Anwendung enthält ein komplexes Geflecht von relationalen Bezügen zwischen den einzelnen Datenbanken.

4. Die Nutzung der Anwendung

Als Ausgangssituation der Recherche wird das Werk des Malers angenommen. Über den Bildtitel, der, da er nicht gesichert überliefert ist, durchaus variieren kann, findet man den Zugang zu allen weiteren Informationen. Sollte dem Rechercheur der Titel unbekannt sein, so kann in dem durch das System automatisch erstellten, alphabetischen Index der Anwendung eine Liste aller vorhandenen Titel aufgeblättert werden, in der sich dann eventuell ein zutreffender findet. Über Anklicken mit der Maus gelangt man direkt in den betreffenden Datensatz, bzw. in das entsprechende Dokument.

Eine weitere Möglichkeit wäre, über bekannte Bildmotive zu fahnden. Hierfür ist eine detaillierte Bildbeschreibung vonnöten. Die zentrale Datenbank der Anwendung „Die Welt des Hieronymus Bosch" ist folglich das Werkverzeichnis. Ihr zugeordnet und angebunden werden alle anderen Datenbanken, die teilweise wiederum untereinander verknüpft sind, aber ebenso isoliert bearbeitet und genutzt werden können, wie z. B. die Datenbank Audio.

Es gibt unter LARS verschiedene, recht komfortable Recherchemöglichkeiten:

1. Die *Globalrecherche*: in einem Textfeld kann man einen beliebigen Begriff eintragen, der sowohl links als auch rechts trunkierbar ist. Das System sucht diesen Begriff in allen Textfeldern und zeigt die Treffer in Form einer Liste an.
2. Die *Index-Recherche*: LARS erstellt zu jedem definierten Feld automatisch eine Indexliste, in der die Einträge alphabetisch sortiert sind. Man kann bei der Recherche das entsprechende Feld selektieren, und es wird in einem zweiten Fenster simultan die dazugehörige Indexliste angezeigt, die jeweils auch die Anzahl der Dokumente zu den einzelnen Index-Einträgen angibt. Durch Auswählen des gesuchten Eintrags per Mausklick wird in einem dritten Fenster ebenfalls simultan das Dokument in einer Liste angezeigt.
3. Die *Formularrecherche*: Hier kann man über ein selbst angelegtes Formular, in dem die recherchierbaren Felder in einer Maske angeordnet sind, suchen. Entweder kann der gesuchte Begriff eingegeben werden oder man läßt sich diesen in einer Liste anzeigen und wählt dort aus.
4. Die *Profilrecherche*: Hier kann man, wenn zum Beispiel eine bestimmte Anfrageart häufiger vorkommt, eigene Suchprofile erstellen.
5. Der *Expertenmodus*: Er erlaubt eine verknüpfte Recherche über mehrere Felder. LARS bietet beim Formulieren der Anfrage die jeweils suchbaren Felder und Begriffe an und gibt Möglichkeiten der Syntax vor.

Darüber hinaus kann in jeder einzelnen Datenbank separat recherchiert werden.

In die Dokumente sind die Bilder integriert. Je Dokument kann eine beliebige Anzahl von Bildern abgespeichert sein. Das Media-Tool, das automatisch erscheint, sobald man ein Medienfeld anklickt, zeigt die Anzahl der vorhandenen Bilder an. Über das Media-Tool kann ein eingescanntes Bild sehr leicht in den Datensatz importiert und anschließend aufgerufen oder aus ihm gelöscht werden. Beim Öffnen des Datensatzes erscheint jeweils das erste der Bilder. Durch doppeltes Anklicken des Bildes wird dieses auf den gesamten Bildschirm vergrößert und es können durch das Ziehen mit der Maus einzelne Bildausschnitte gezoomt werden. Nochmaliges Anklicken bringt den Betrachter wieder in den vollständigen Datensatz, in dem das Bild nur in einem Feld erscheint.

Ebenso funktioniert es mit den Tondokumenten. Es können beliebig viele Tondokumente in einem Datensatz abgespeichert und einzeln abgespielt werden. So kann beispielsweise ein Ton laufen und gleichzeitig das Bild vergrößert oder in Ausschnitten betrachtet werden.

Insgesamt ist die Arbeit mit LARS, auch wenn das System noch einige Entwicklungsmängel aufweist, verhältnismäßig einfach. Das Problem der Handbücher sei hier nicht angeschnitten. Sehr überzeugend ist die Möglichkeit der absolut individuellen Anpassung der Anwendung an die eigenen Bedürfnisse. Allerdings ist die Erstellung der Masken durch relativ wenige und undurchsichtige Grafikinstrumente sehr zeitaufwendig und frustrierend. Da gäbe es sicherlich bessere Lösungen. Aber es ist immerhin möglich, individuelle Profile als Erfassungs-, Recherche- und Druckmaske zu erstellen. Ein weiterer positiver Aspekt ist der einfache Import von Texten. Für Volltextretrieval sind manchmal recht lange Texte zu erfassen. Es ist beispielsweise kein Problem, Texte aus Word für Windows in ein Textfeld von LARS zu kopieren.

„Die Welt des Hieronymus Bosch" ist eine Versuchsanwendung, die über die rund 20 Datensätze hinaus nicht weiterentwickelt wurde. Aus rückblickender Perspektive wäre an der Konzeption sicherlich noch einiges anders zu gestalten. Dennoch kann an dieser Projektarbeit recht gut demonstriert werden, wie sinnvoll und aufregend die Ergänzung von textbasierten Datensätzen durch entsprechende Abbildungen oder Tondokumente sein kann.

Prof. Dr. Peter-Johannes Schuler
Meine Damen und Herren, vielen Dank für Ihre Ausführungen. Als nächste darf ich Gisa Franke vorstellen. Frau Franke hat 1994 ihren Abschluß als Diplom-Archivarin (FH) am Fachbereich Archiv-Bibliothek-Dokumentation der FH Potsdam gemacht. Sie erhielt für ihre Diplomarbeit zum Thema „Die Entziehung jüdischen Vermögens beim Oberfinanzpräsidenten Berlin-Brandenburg 1933-1945" von der FH Potsdam den „Preis für hervorragende studentische Arbeiten". Derzeit arbeitet sie in der Antikensammlung der Staatlichen Museen zu Berlin Preußischer Kulturbesitz an dem Projekt „Erfassung und Erschließung des wissenschaftlichen Archivs der Antikensammlung".

Zur Erschließung von Archäologennachlässen im Archiv der Antikensammlung der Staatlichen Museen Preußischer Kulturbesitz Berlin

GISA FRANKE

Im Oktober 1996 wurde in der Antikensammlung ein Projekt zur Erschließung der Archivbestände des Museums begonnen. Ausschlaggebend für diese Initiative war die seit 1992/1993 erfolgte Zusammenführung der Archivbestände des Antikenmuseums in Charlottenburg mit denen der Antikensammlung der Berliner Staatlichen Museen im Zentralsitz der Antikensammlung auf der Museumsinsel. Das auf 3 Jahre befristete Projekt wird von der Volkswagen-Stiftung finanziert. Ziel ist es, die Bestände sowohl auf elektronischer Basis als auch mit manuellen Findhilfsmitteln nutzbar zu machen. Mit Abschluß der Erschließungsarbeiten soll eine Publikation zum Gesamtbestand des Archivs erscheinen. Für die fachliche Betreuung wurden ein Archäologe und eine Archivarin ausgewählt. Diese eher unübliche Zusammensetzung eines Teams aus Wissenschaftler und Archivar soll den spezifischen Anforderungen der Erschließung, insbesondere denen der wissenschaftlichen Dokumente, in inhaltlicher wie in formaler Hinsicht gerecht werden.[1]

In den letzten Jahren hat es von archivarischer und bibliothekarischer Seite verstärkt Bemühungen gegeben, dem besonderen Charakter von Nachlässen durch angemessene Erschließungsmethoden zu entsprechen. Dabei sind grundsätzliche Gemeinsamkeiten für die Gliederung von Nachlässen und für die formale Erfassung der Nachlaßbestandteile deutlich geworden, unabhängig davon, welche Institution das Material erschließt und ob der zu behandelnde Nachlaß aus der Provenienz eines Literaten, Politikers oder Wissen-

---

1 Von Seiten der „Spezialarchive" wurden in den letzten Jahren mehrfach Forderungen erhoben, die Erschließung von Nachlässen mit einem Spezialisten zu professionalisieren, der neben einer wissenschaftlichen Qualifizierung auch über archivarisch-bibliothekarische Kenntnisse verfügt. Meines Erachtens besteht nicht die Notwendigkeit, daß sich diese Art von Qualifizierung in einer Person vereinigt. In den meisten Fällen wird eine Beratung des Archivars oder Bibliothekars von seiten des entsprechenden Fachspezialisten ausreichend sein. Hinzu kommt, daß gerade der Archivar, der nicht mit einer bestimmten Wissenschaft liiert ist, einen verhältnismäßig hohen Maßstab der Objektivität an die Bewertung zu stellen vermag. Vgl. Johannes Rogalla von Bieberstein: Zum Sammeln und Erschließen von Nachlässen. In: Der Archivar 38 (1985) Sp. 313. – Ludwig Veit: Das Archiv für Bildende Kunst im Germanischen Nationalmuseum Nürnberg. In: Der Archivar 40 (1987), Sp. 56. – Gerhard Schmid: Archivische Bewertung literarischer Nachlässe. In: Archivmitteilungen 23 (1973), S. 133.

schaftlers stammt. Die jeweilig angewendete Ordnung und Verzeichnung ist jedoch von arbeitsökonomischen Faktoren, von der Quantität und Qualität des zu erschließenden Materials, vom Gesamtbestand (Archivsprengel) und nicht zuletzt von den Anforderungen potentieller Nutzer abhängig.

Im folgenden sollen diese Aspekte bezüglich der Erschließung von Archäologennachlässen im Archiv der Antikensammlung näher beleuchtet werden. Im ersten Teil werden allgemeine Aussagen über die Erschließung von Nachlässen ausgehend vom Archivsprengel und den spezifischen Anforderungen für die Benutzung getroffen. Hier werden auch Fragen der Bestandsabgrenzung und der Bewertung von Nachlässen berührt. Im zweiten Teil wird die Gliederung der Nachlässe untersucht, wofür stellvertretend die Gliederung zum Nachlaß des Archäologen und langjährigen Mitarbeiters der Antikensammlung Robert Zahn herangezogen wird. Eine besondere Betrachtung kommt dabei einzelnen Archivaliengattungen innerhalb der Hauptgruppen Biographisches, Arbeitsmaterial, Werkmanuskripte und Korrespondenzen zu.

Bestände und Zuständigkeit

Das Archiv der Antikensammlung umfaßt das Bild- und Schriftgut der Antikensammlung der Staatlichen Museen Preußischer Kulturbesitz und ihrer Vorgängerinstitutionen. Den Schwerpunkt bilden die mit den Grabungen der Berliner Museen Ende des 19. bis Anfang des 20. Jahrhunderts entstandenen Grabungsunterlagen. Hervorzuheben sind außerdem die umfangreichen Sammlungen der Photothek sowie der Graphothek. Letztere beinhaltet u. a. einen systematisch angelegten archäologischen Apparat mit etwa 2500 Blatt Zeichnungen nach Antiken aus Italien und Griechenland. Darüber hinaus verfügt das Archiv über eine Reihe von Gelehrtennachlässen. Die Mehrzahl dieser Nachlässe wurde von langjährigen Mitarbeitern und Leitern der Antikensammlung gebildet. Mit der Erwerbung von Privatsammlungen antiker Stücke gelangten auch Nachlaßsplitter anderer Personen in das Archiv.

Die Zuständigkeit des Archivs für den Bestand Antikensammlung konzentriert sich auf das Schrift- und Bildgut wissenschaftlichen Charakters aus den Jahren 1830-1945. Das Verwaltungsschriftgut der Antikensammlung sowie Ausstellungsunterlagen, Publikationsvorlagen, Unterlagen zur Bebauung der Museumsinsel und Schriftgut rechtlichen Charakters, zu welchem die Gruppen Erwerbung,[1] Leihgaben sowie Verlagerung und Verluste gehören, werden

---

1 Eine Ausnahme bilden die zu den Erwerbungen gehörenden Inventare für die Objekte, die im Archiv der Antikensammlung verbleiben.

weiterhin an das Zentralarchiv der Staatlichen Museen abgegeben, das für die Übernahme des Registraturgutes aller Abteilungen der Staatlichen Museen zuständig ist. Nach Vereinbarungen des Museums mit dem Deutschen Archäologischen Institut (DAI) wird das Archiv die Nachlässe von Gelehrten, deren Tätigkeit wesentlich durch das DAI und nicht durch die Antikensammlung geleitet worden ist, an das DAI übergeben. Ein Austausch von Nachlaßmaterial zwischen der Antikensammlung und dem DAI ist dabei nicht ausgeschlossen. Im Vordergrund steht jedoch die Vereinigung von Nachlaßteilen bei derjenigen Institution, in deren Zuständigkeit die jeweiligen Nachlässe ausgehend vom Archivsprengel am ehesten fällt. Erschwerend dabei ist, daß ein Teil der Nachlaßbildner sowohl in der Antikensammlung als auch im DAI gewirkt haben. Für Nachlässe, von denen beide Archive Teile verwahren, sollte deshalb auch berücksichtigt werden, ob und in welchem Maße bereits eine Erschließung durchgeführt worden ist.

Anforderungen für die Benutzung und Maßstäbe für die Erschließung

Das Interesse des Archivs und seiner Benutzer ist in Verbindung mit dem Archivsprengel vor allem auf die wissenschaftlichen und weniger auf die biographischen Inhalte von Nachlässen gerichtet. Andererseits besteht mit der grundlegenden Erschließung der bislang fast ausschließlich von eingeweihten Mitarbeitern genutzten Quellen nun eine Chance auf die Öffnung des Archivs für ein breiteres Publikum. Unter diesem Aspekt gewinnen auch die persönlichen Dokumente der Nachlässe einen Stellenwert, der es nicht erlaubt, sie als unnötigen Ballast auszusondern. Vielmehr soll eine Bewertung auf der Ebene der Erschließung stattfinden, in dem die wichtigeren Nachlaßteile eine intensivere und detailliertere Aufnahme finden als die weniger wichtigen. Einen besonderen Stellenwert für die Benutzung des Archivs der Antikensammlung nimmt jenes Material ein, das die Sammlungsobjekte der Antikensammlung bzw. die Grabungen des Museums zum Inhalt hat. Die Sammlungsobjekte der Antikensammlung waren immer ein dominanter Untersuchungsgegenstand für die wissenschaftlichen Mitarbeiter der Antikensammlung. Dies spiegelt sich auch in den Nachlässen, vor allem in den Materialsammlungen und Manuskripten aber auch in den Korrespondenzen wider. Die umfangreichen wissenschaftlichen Unterlagen zu Objekten und Grabungen der Antikensammlung sind jedoch auch museumsintern noch längst nicht umfassend ausgewertet. Bislang kaum genutzt wurden die Gelehrtennachlässe, über deren Inhalt bis zum Beginn unseres Erschließungsprojektes Ende 1996 nur wenig bekannt war.

Für die wissenschaftliche Auswertung ist es also wichtig, relevante Informationen zu Grabungen und Objekten schnell und gezielt ermitteln zu können. Dieser Anforderung entsprechend haben wir auch die Inventarnummer von Objekten in die Verzeichnung aufgenommen, wenn das zu erschließende Material wichtige Beschreibungen zu ihnen hergab. Die Inventarnummer ist der Schlüssel zur Identifizierung eines Sammlungsobjektes im Museum. Vorteilhaft für die Aufnahme bei der Erschließung ist, daß statt mit einer mehr oder weniger ungenauen Beschreibung eines Objektes durch ein oder mehrere Stichwörter, mit der Inventarnummer eine knappe und präzise Angabe zu den Objekten gemacht werden kann. Keineswegs wird diese Intensität der Verzeichnung gleichermaßen für alle Materialien angewendet. Auf die Angabe von Inventarnummern von Sammlungsstücken anderer Museen haben wir im allgemeinen verzichtet und lediglich zusammenfassende Angaben zu den Objekten, ihrer Gattung, ihres Stils, ihrer Datierung, ihres Fundortes und zu den sie beherbergenden Museen und Privatsammlungen bzw. zum Kunsthandel gemacht.

Mehr noch als das Schriftgut, steht das Bildgut der Nachlässe mit den Sammlungsobjekten der verschiedensten Gattungen und Herkunft im Kontext. Photographien, Zeichnungen, Skizzen und gedrucktes Bildmaterial sind nahezu in allen Teilen der Nachlässe, in den Briefen, bei den Notizen, als Abbildungsvorlagen bei den Manuskripten sowie als autarke Gruppe vertreten. Insbesondere die Photographie hat sich als Quelle für die archäologische Forschung fast unentbehrlich gemacht. Viele Objekte sind durch Krieg, Raub und andere zerstörerische Einflüsse verloren gegangen. Eine Photographie oder eine Zeichnung sind dann manchmal der einzige Beweis für die einstige Existenz eines Stückes. Es erscheint daher gerechtfertigt, daß wir den Photographien, auch wenn sie meist keine Unikate darstellen, mehr Beachtung schenken, als es in der herkömmlichen Praxis der Archive der Fall ist. Bildmaterial, das nicht beschriftet ist, bereitet hinsichtlich seiner Erschließung Probleme, das es auch zu den „Stiefkindern" der Archive gemacht hat. Für die Erschließung der Photographien von Objekten hat es sich als notwendig erwiesen, die Gattung, den Stil und nach Möglichkeit auch die Herkunft der abgebildeten Stücke festzuhalten, da sonst weder eine differenzierte Unterscheidung zwischen den einzelnen Sammlungen noch eine gezielte Ermittlung von relevanten Photographien möglich wäre.

Bestandsabgrenzung

Die Bestandsabgrenzung sollte das Ziel verfolgen, ursprüngliche Strukturen auf der Grundlage des Provenienzprinzips wiederherzustellen bzw. Strukturteile von Registraturbildnern mit einer weitgehenden organisatorischen und registraturmäßigen Selbständigkeit herauszukristallisieren und in einem gesonderten Bestand zusammenzufassen. Verglichen mit Beständen von Registraturbildnern des Staates, deren Bildung einer gewissen Kontrolle unterliegt, sind Nachlässe für die Anreicherung mit Sammlungen verschiedenster Art und für die Vermischung mit provenienzfremdem Material geradezu prädestiniert. Für die Gelehrtennachlässe im Archiv der Antikensammlung lassen sich drei Gruppen mit einer solchen Anreicherung feststellen, die in bezug auf eine Bestandsabgrenzung näher zu betrachten sind:
1. Dienstliches Schriftgut, das hauptsächlich in der Form von Korrespondenzen auftritt,
2. Manuskripte und Sammlungen fremder Provenienz, Briefe Dritter,
3. Vervielfältigtes Material (Druckschriften, Postkarten u. ä.), das sich nicht direkt auf die Tätigkeit des Bestandsbildners bezieht und in keinem „registraturmäßigen" Zusammenhang mit dem Nachlaß steht.

Für das Auftreten von dienstlichem Schriftgut in Nachlässen von Privatpersonen, vor allem solcher mit politischer oder wissenschaftlicher Tätigkeit, gibt es genügend Beispiele aus Archiven und Bibliotheken. Auch über das Herauslösen dieser provenienzfremden Bestandteile und ihre Rückführung in die Dienstregistratur herrscht in den Fachkreisen eine weitgehende Übereinstimmung. Kaum behandelt worden sind dabei die Probleme, die sich mit der Abgrenzung von dienstlichem Schriftgut verbinden.[1]

In fast alle Nachlässe von ehemaligen Mitarbeitern der Antikensammlung sind Korrespondenzen dienstlichen Charakters und andere dienstliche Schriftstücke eingeflossen. Die Ursachen dieser Vermischung von Privat- und Dienstregistratur sind unterschiedlicher Art. Mangelnde Vorschriften für den

---

1   Vgl. dazu Erhard Hartstock: Nachlässe als ergänzende Bestandteile des Staatlichen Archivfonds der DDR. In: Archivmitteilungen 38 (1988), S. 50. – Heinrich Otto Meisner: Archivalienkunde vom 16. Jahrhundert bis 1918. Göttingen 1969, S. 76.
Marianne Schumann unterbindet dagegen jeden Ansatz einer Bestandsabgrenzung bei Nachlässen, indem sie die Provenienz mit dem Überlieferungszustand gleichsetzt, nämlich sämtliche Dokumente, die sich nach dem Tod des Nachlaßbildners in seinem Besitz befanden, als zugehörig zum Nachlaß ausweist. Marianne Schumann: Probleme und Erfahrungen bei der archivischen Erschließung eines Gelehrten-Nachlasses. In: Archivmitteilungen 40 (1990), S. 56.

Umgang mit dienstlichem Schriftgut, aber vor allem die Verquickungen von Beziehungen auf dienstlicher, dienstlich-geschäftlicher (Kunsthandel), wissenschaftlicher und privater Ebene werden dazu geführt haben, daß auch Korrespondenzen dienstlichen Charakters privat zu ihren Empfängern gelangten und dort verblieben. Lediglich für die Mitteilungen der Generalverwaltung und die Schreiben anderer Abteilungen der Berliner Museen läßt sich feststellen, daß sie generell den offiziellen Weg gingen. Selten wurden Briefe, deren Inhalt geheimgehalten werden sollte, an die Privatadresse eines Mitarbeiters der Antikensammlung gesandt. Allein die Feststellung darüber zu treffen, welcher Teil eines Nachlasses ein Ergebnis der dienstlichen Tätigkeit des Nachlaßbildners und welcher privater Herkunft ist, erweist sich als außerordentlich schwer.[1] So sind die meisten Briefe aus dem Kunsthandel, die sich in den Nachlässen befinden, Angebote von Objekten an das Museum, also geschäftlicher und nicht wissenschaftlicher oder privater Art. Sie sind eindeutig aus der beruflichen Tätigkeit des Nachlaßbildners entstanden und damit eigentlich Teil der Registratur der Antikensammlung. Anders verhält es sich mit den Korrespondenzen, in denen sich private und wissenschaftliche – damit auch meist berufliche Elemente – zusammenfinden. Es wäre nicht gerechtfertigt, sie in die Dienstregistratur zurückzuführen.

Umgekehrt sind dem Bestand Antikensammlung private Dokumente beigefügt worden, die zwar inhaltlich mit dem Bestand verknüpft sind, sich aber hinsichtlich ihrer Provenienz klar abgrenzen lassen. Die wenigen Nachlaßsplitter rechtfertigen jedoch nicht die Bildung eines Nachlaßbestandes und in einer Sammlung mit Dokumenten anderer Herkunft gingen sie leicht verloren. Die Unterlagen zu den Ausgrabungen von Pergamon beinhalten beispielsweise private Dokumente des Architekten Carl Humanns, der als Entdecker des Pergamonaltars bekannt wurde und bei verschiedenen Ausgrabungen für die Königlichen Museen tätig war. Darunter befindet sich das Manuskript einer Rede, die Humann zu seiner Ehrung als Ausgräber von Pergamon gehalten hat. Zwar besteht hier kein provenienzmäßiger Zusammenhang zum Bestand Antikensammlung, aber durchaus ein inhaltlicher zu den Grabungsunterlagen von Pergamon. Andererseits würde niemand ein Gedicht Humanns im Bestand Antikensammlung vermuten, obwohl er einige seiner dienstlichen Briefe, die ohne Zweifel der Provenienz Antikensammlung zuzurechnen sind, mit selbst verfaßter Lyrik ausschmückte.

Aus diesen Betrachtungen wird ersichtlich, daß die Untersuchung der Bestandszugehörigkeit mit dem Ziel, dienstliches Schriftgut aus Nachlässen in

---

1   Vgl. dazu Wolfgang A. Mommsen: Verzeichnis der schriftlichen Nachlässe in deutschen Archiven und Bibliotheken. Bd. I. Boppard am Rhein 1971, S. 25.

den Bestand seiner Provenienz zurückzuführen oder privates Schriftgut aus dem Bestand Antikensammlung auszusondern, sehr aufwendig ist und nicht unbedingt einen Gewinn für die Erschließung mit sich bringt. Insofern nicht der gesamte Nachlaß oder ein überwiegender Teil des Nachlasses aus dienstlichem Schriftgut besteht, werden wir die vorgefundenen Strukturen bestehen lassen und entsprechende Verweise für die Fremdprovenienzen vornehmen.

Fremde Manuskripte und Sammlungen sowie Briefe Dritter gehören ebenfalls zu dem Teil des Nachlasses, der sich beim Nachlasser zwar angesammelt, aber nicht organisch gebildet hat. Die Praxis der Archive und Bibliotheken hat gezeigt, daß die strikte Trennung von „echtem" und „angereichertem" Nachlaß oder ein generelles Herauslösen von provenienzfremdem Material aus dem Nachlaßschriftgut nicht möglich ist.[1] Auch bei der Gliederung von Nachlässen können die provenienzfremden Teile nicht immer in einer gesonderten Gruppe zusammengefaßt und damit von den übrigen Nachlaßteilen deutlich abgehoben werden. Manuskripte fremder Produktion finden wir häufig neben denen des Nachlaßbildners, Briefe Dritter und Briefe vom Nachlasser neben den Briefen an den Nachlaßbildner und alles übrige Material fremder Provenienz in der Gruppe der Materialsammlungen.

Wichtig erscheint mir die Frage nach dem Überlieferungszusammenhang der betreffenden Stücke. Die Briefe Dritter aus den Nachlässen der Antikensammlung sind beispielsweise keine vom Nachlaßbildner gesammelten Autographen, sondern wurden dem Nachlasser von ihrem Empfänger meist zur Beantwortung von Fachfragen zugeleitet. Manuskripte fremder Produktion können vom Nachlaßbildner korrigiert oder ergänzt, selbst Tagebücher, Skizzen- und Notizbücher können in irgendeiner Weise von ihm fortgeführt worden sein. Doch läßt sich die Frage nach dem Verbleib dieser Briefe und Aufzeichnungen nicht einzig und allein danach entscheiden, ob sie ihren letzten Zuwachs beim Nachlaßbildner erhalten oder ob sie einen „registraturmäßigen" Zusammenhang zum Nachlaß haben. Letztendlich wird es auch eine Rolle spielen, welche Bedeutung dem Urheber oder Verfasser gegenüber dem Nachlaßbildner zukommt. Das bedeutet, daß neben den provenienzfremden Materialien wie Autographensammlungen oder anderen Teilen von Nachlässen ohne „Registraturzusammenhang"[2] auch solche herausgelöst werden können,

---

1   Vgl. dazu Sigrid von Moisy: Aufstellung und Signierung von Nachlässen und Autographen. In: Bibliotheksforum Bayern 10 (1982), S. 33-39.
2   Hans Stephan Brather und Gerhard Schmid vertreten dagegen die Auffassung, daß auch die sogenannten Liebhabersammlungen als (desintegriertes) Registraturgut angesehen und daher beim Nachlaß belassen werden können. Hans Stephan Brather: Registraturgut – Archivgut – Sammlungen. In: Archivmitteilungen 12 (1962), S. 165. – Gerhard Schmid: Zum Begriff des Sammlungsgutes. In: Archivmitteilungen 14 (1964), S. 143.

bei denen nur ein unerheblicher oder nicht nachweisbarer Zusammenhang zur Tätigkeit des Nachlaßbildners besteht. Eine Grundvoraussetzung für das Herauslösen von Letzterem ist jedoch wie bei dienstlichem Schriftgut, daß bereits ein Nachlaßbestand vorhanden ist, oder die Bildung eines solchen mit dem herausgelösten Material gerechtfertigt ist. Fehlt eine solche Basis, bleibt nur die Eingliederung in eine Sammlung übrig, in der sich die Briefe und Aufzeichnungen Dritter dann in zusammenhanglose Einzelstücke verwandeln.[1] Ganz gleich wie die Entscheidung ausfallen sollte, durch die Ausgrenzung entstehende Informationsverluste sollten nach Möglichkeit vermieden werden, ansonsten können sie durch Verweise oder mittels einer bestandsübergreifenden Verknüpfung durch EDV überbrückt werden.

Für die zuletzt genannte Gruppe soll eine knappe Erläuterung genügen, da die ihr zugeordneten gedruckten oder anderweitig vervielfältigten Materialien bereits von mir mit dem Zusatz „ohne provenienz- und registraturmäßigen Zusammenhang" als nicht bestandszugehörig gekennzeichnet worden sind. Es handelt sich dabei um Material, das seinen Wert nicht aus dem Bestandszusammenhang sondern lediglich aus seinem Inhalt bezieht. Damit wird es zu Sammlungsgut und kann einer entsprechenden Sammlung im Archiv eingegliedert oder gegebenenfalls an eine Bibliothek abgegeben werden. Der wesentliche Unterschied zu den zuvor untersuchten Gruppen „entfremdeten Registraturgutes"[2] liegt tatsächlich in ihrem Wesen als vervielfältigte Produkte. Denn während unikales Schrift- und Bildgut auch in autarker Form einen „Registraturzusammenhang" zum Nachlaß haben kann, sind Druckschriften u. ä. meist nur als Bestandteil einer Akte oder – bezogen auf den Nachlaß – in einem organisch gewachsenen Konvolut als einmalig und archivwürdig anzusehen. Selbstverständlich kann auch die Postkartensammlung eines Nachlasses als charakteristisch für den Nachlaßbildner angesehen werden, selbst wenn sie keinen „registraturmäßigen" Zusammenhang zum Nachlaß aufweist. Im Einzelfall wird also abzuwägen sein, ob die Art oder das Alter, die Vervielfältigung (mit der sich meistens auch die Quantität verbindet) oder ihr direkter Bezug zur Tätigkeit des Nachlaßbildners (z. B. eigene Werke) eine Veranlassung bieten, sie beim Bestand zu belassen. Das Herauslösen von selbständigen Druckschriften, Postkarten u. ä. hat nach unseren Erfahrungen keine erheblichen Informationsverluste zur Folge. Letztlich sollte nicht unberücksichtigt bleiben, daß diese Quellengattungen sich im

1 Beispielsweise wäre es wenig sinnvoll, die wenigen, an die Schwester Robert Zahns gerichteten Postkarten aus dem Nachlaß Zahns auszugliedern, da sie dann ihren Quellenwert verlieren würden.
2 Diesen Begriff prägte Meisner S. 83f.

Grenzbereich der Zuständigkeit der Archive befinden, ungeachtet der Tatsache, daß vor allem auch Bibliotheken Nachlässe aufbewahren und erschließen.[1]

Nachlaßgliederung

Für die Bestände von Registraturbildnern des Staates und der Wirtschaft geben meist Struktur-, Geschäftsverteilungs- oder Aktenpläne das Schema für die Ordnung und Verzeichnung ab. Bei der Nachlaßerschließung bildet hingegen der vorgefundene Ordnungszustand die einzige Orientierungsmöglichkeit für eine Gliederung. Diese individuell geprägte Ordnung, die nicht selten schon durch fremde Eingriffe verändert worden ist, kann den verschiedenen Anforderungen der Benutzer jedoch oft nicht gerecht werden. Dementsprechend wird häufig eine Umstrukturierung oder eine völlige Neuordnung des Nachlasses notwendig, wobei sich die Anwendung eines Gliederungsschemas als nützlich erweisen kann. Als Nebeneffekt entsteht eine Vereinheitlichung der Nachlaßstrukturen, die zum einen die Erschließung effektiver gestalten und zum anderen die Benutzung des Nachlaßmaterials vereinfachen kann.

Für die Gliederung von Nachlässen gibt es zahlreiche Möglichkeiten. Die grobe Einteilung von Nachlässen wird von Bibliothekaren und Archivaren im allgemeinen nach den Gliederungspunkten Werkmanuskripte, Briefe, Lebensdokumente und Sammlungen vorgenommen, wobei die Reihenfolge variiert und meist durch die individuelle Bedeutung der Gruppen bestimmt wird.[2] Als Beispiel für die Gliederung der Gelehrtennachlässe der Antikensammlung soll im folgenden der Nachlaß des Archäologen Robert Zahn (1870-1945) herangezogen werden.

Robert Zahn arbeitete von 1900 bis zu seiner Pensionierung im Jahre 1935 in der Antikenabteilung der Berliner Museen. Nach der Verabschiedung Theodor Wiegands 1931 wurde er 1. Direktor der Antikensammlung. Zahn lehrte 8 Jahre als Honorarprofessor an der Berliner Universität. Er war ordentliches Mitglied der Akademie der Wissenschaften und darüber hinaus Mitglied in verschiedenen anderen wissenschaftlichen Gesellschaften und Vereinen. Be-

---

1 In diesem Sinne verfährt das Archiv der Antikensammlung auch mit Gemmen- und Münzabdrücken aus Nachlässen, die mit einen Vermerk zu ihrer Herkunft in eine Sammlung des Museums eingeordnet werden.
2 Vgl. Karl Dachs: Erschließung von Nachlässen unter Verwendung bibliothekarischer und archivarischer Methoden. In: Bibliotheksforum Bayern 10 (1982), S. 12-16.

sonders geschätzt war er als Spezialist auf dem Gebiet der antiken Kleinkunst, insbesondere der Keramik sowie der Glas- und Schmuckarbeiten. Im Museum machte sich Robert Zahn vor allem durch die Erwerbung von Sammlungen und Einzelstücken verdient, wobei er auch seine weitreichenden Kontakte zum Kunsthandel nutzte.[1] Robert Zahn hat eine einzigartige Materialsammlung hinterlassen, die seine Liebe zum Detail, zur Suche nach Zusammenhängen und seine starke Neigung zur Perfektion kennzeichnet. Demgegenüber steht eine wissenschaftliche Publikationstätigkeit, die zwar in ihrer Qualität noch heute in Fachkreisen anerkannt wird, aber keine Gesamtdarstellungen zur Antike hervorgebracht hat. Eine Reihe von Manuskripten ist nicht zum Abschluß gekommen oder wurde nicht veröffentlicht. Ergänzt und korrigiert hat Zahn selbst noch seine veröffentlichten Werke. Mit den Verlagerungen des Archivgutes zwischen dem Antikenmuseum in Charlottenburg und der Antikensammlung auf der Museumsinsel sowie den Umbauarbeiten im Hause haben auch die Nachlässe hinsichtlich ihres Erhaltungszustandes und ihrer Ordnung gelitten. Der Nachlaß Robert Zahns verteilte sich auf verschiedene Räume des Museums. Während der eine, offensichtlich begehrtere Teil nach Sachbetreffen geordnet war, fanden wir den anderen Teil vermischt mit einem weiteren umfangreichen Nachlaß vor. Die Trennung der Nachlässe nach ihren Provenienzen verlangte nur einen geringen Einsatz. Die ursprüngliche Struktur des Nachlasses von Robert Zahn konnte auch bei diesem Arbeitsgang nicht mehr rekonstruiert werden. Zur Neuordnung haben wir den Bestand in die bereits genannten 4 Hauptgruppen nach der Reihenfolge Biographisches, Arbeitsmaterial, Manuskripte und Korrespondenzen aufgegliedert.

Biographisches
Die Lebensdokumente umfassen nur einen geringen, oftmals sogar den geringsten Teil der Nachlässe im Archiv der Antikensammlung. Auch aus dem Nachlaß Robert Zahns sind nur spärliche Reste biographischen Materials ins Archiv gelangt. Die Gruppe der Selbstzeugnisse ist lediglich mit persönlichen Erinnerungsphotos und einem Skizzenbuch mit genealogischen Eintragungen vertreten. Der zweite Teil enthält Unterlagen aus der gesellschaftlichen Tätigkeit Robert Zahns und setzt sich aus Urkunden, Mitgliedskarten, Einladungen zu Vorträgen und Sitzungen, Sitzungsprotokollen und Mitteilungen von wissenschaftlichen Verbänden und Vereinen zusammen. Materialien oder Akten über die Wirtschafts- und Vermögensangelegenheiten Zahns sind nicht vorhanden, sieht man einmal von den Rechnungen und Belegen für den Erwerb

1 Gerald Heres: Robert Zahn. Ein Beitrag zur Geschichte der Berliner Antiken-Sammlung. In: Forschungen und Berichte. Staatliche Museen zu Berlin 12 (1970), S. 7-9.

von Büchern und Arbeitsmitteln ab, bei denen allerdings nicht eindeutig festzustellen ist, ob es sich um privates oder dienstliches Schriftgut handelt. Im
Gegensatz zu der außerordentlich komplexen Materialsammlung Robert
Zahns, ließen sich die biographischen Dokumente bis auf eine Ausnahme[1] eindeutig inhaltlich von den anderen Hauptgruppen des Nachlasses abgrenzen.
Verweise waren deshalb nicht notwendig. Die Ordnung des Materials erfolgte
nach Sachbetreffen.

Arbeitsmaterial

Das Arbeitsmaterial in Nachlässen läßt hinsichtlich seiner Begriffsbestim-
mung verschiedene Deutungen zu. Karl Dachs hat die Materialsammlungen
als die Gruppe ausgewiesen, die dazu bestimmt ist, „zusätzliche Material-
gruppen und provenienzfremdes Material aufzunehmen."[2] Im Nachlaß Robert Zahns bildet das Arbeitsmaterial die umfangreichste und zugleich – in
bezug auf ihre Materialzusammensetzung – die vielfältigste Gruppe. Sie enthält Notizen, Photographien, Postkarten, Zeichnungen, Druckschriften und
Ausschnitte aus solchen, Manuskripte und Korrespondenzen fremder Provenienz sowie Korrespondenz, die an Teile der Materialsammlung gebunden
ist. Robert Zahn hat einen Teil seiner empfangenen Korrespondenz nach thematischen Gesichtspunkten in Sammlungen von Notizen und anderem Material geordnet. Auf diese Weise ist allmählich mit weiterem Material ein organisch gewachsenes Konvolut entstanden, das mit einer herkömmlichen
Materialsammlung, zum Beispiel einer reinen Photosammlung zu den Va-
sen eines Museums, nicht zu vergleichen ist. Derartiges Arbeitsmaterial haben wir in der vorgefundenen Ordnung belassen. Im übrigen dient die Beibe-
haltung der Briefe in einer Sammlung auch ihrer inhaltlichen Erschließung.
Regesten als Inhaltsangabe für die Briefe können wegfallen, wenn diese einem solchen sachthematischen Korpus angehören. In dem hier vorgestellten
Nachlaß haben wir lediglich die in der Sammlung der Alphabetischen Notizen vorgefundenen Briefe in die Reihe der für sich stehenden Korrespondenzen aufgenommen. Dabei fanden die von Robert Zahn zur Einordnung der
Briefe benutzten Stichwörter gewissermaßen als Kurzregesten ihre Wieder-
verwendung. Die Tatsache, daß Korrespondenzen mit den Materialsammlungen verwoben sein können und damit ein untrennbarer Bestandteil von diesen sind, wurde in der Praxis der Archive und Bibliotheken oft vernachläs-

---

1   Problematisch ist die Einordnung des Adreßbuches und der umfangreichen Sammlung von
     Visitenkarten Robert Zahns in diese Gruppe. Ihrem Entstehungszweck nach könnten sie
     ebensogut der Gruppe Materialsammlungen zugeordnet werden.
2   Dachs S. 23.

sigt.[1] Die Erhaltung solcher „registraturmäßigen" Zusammenhänge ergibt sich aber allein schon aus der Behandlung des Nachlasses als organisch gewachsenen Bestand. Dem widerspricht nicht, daß der Nachlaß in seinen groben Strukturen zugunsten der Erschließung verändert werden kann. Eine kategorische Einteilung des Nachlaßmaterials mit dem Hauptziel, es in ein Gliederungsschema einzupassen, sollte jedoch meines Erachtens unbedingt vermieden werden.

Die Materialsammlungen haben wir – wie das biographische Material – zunächst nach Sachbetreffen untergliedert. Richtungsweisend war die bereits vom Nachlaßbildner vorgenommene Ordnung, die vor allem durch die Gruppe Museen, Sammlungen und Kunsthandel und die Gruppe Objekte geprägt ist. Die weitere Unterteilung erfolgte nach alphabetischen und chronologischen Gesichtspunkten oder nach den Ordnungsprinzipien für literarische Gattungen. Demnach folgen die Privatsammlungen nach den Namen der Sammler und die Museen und der Kunsthandel nach ihrer Ortsbezeichnung einer alphabetischen Reihenfolge. Die Grabungsunterlagen sind chronologisch nach dem Beginn der Grabungen und die Exzerpte, Druckschriften sowie die Manuskripte fremder Provenienz sind nach dem Verfasser oder dem Titel geordnet .

Manuskripte

Die Manuskripte im Nachlaß Zahn fassen Textniederschriften für Veröffentlichungen des Nachlaßbildners in verschiedenen Stadien ihrer literarischen Ausreifung zusammen. Außerdem sind in dieser Gruppe auch Notizen und Exzerpte als Vorarbeiten sowie Zeichnungen und Photos als Abbildungsvorlagen zu einzelnen Veröffentlichungen Robert Zahns enthalten. Die Manuskripte im Nachlaß Robert Zahn sind in die Gruppen „Veröffentlichte Manuskripte" und „Unveröffentlichte Manuskripte" unterteilt. Damit wird der Teil der Manuskripte hervorgehoben, der nicht vervielfältigt und damit nur in sehr begrenztem Umfang für Forschungszwecke benutzt worden ist. Die Feingliederung erfolgt nach chronologischen Gesichtspunkten, d.h. bei den veröffentlichten Werken nach dem Erscheinungsjahr. Die undatierten Manuskripte schließen sich in alphabetischer Reihenfolge ihrer Titel hinten an.

---

1   Diese Tatsache übersieht auch Papritz, indem er meint, Materialsammlungen (die er in ihrer ganzen Breite als „Sammelgut" deklariert) vom übrigen „potentiellen Archivgut" bedenkenlos scheiden zu können, wenn ein entsprechendes Interesse des Archives dafür vorliegt. Johannes Papritz: Archivwissenschaft. Bd. 4, Marburg 1983, S. 200.

Korrespondenzen

Wie bereits an anderer Stelle erwähnt, sind dieser Gruppe nur jene Briefe zugeordnet, die keinen Entstehungszusammenhang zu Teilen des Arbeitsmaterials aufweisen. Den Briefen hinzugefügte Notizen Robert Zahns sowie Zeichnungen und Photographien als Teile der Korrespondenz sind in ihrem Überlieferungszustand geblieben. Unterschieden wird zwischen den Korrespondenzen einzelner Privatpersonen und denen von Museen, Verlagen und anderen Institutionen. Dabei haben wir die Briefe verschiedener Korrespondenzpartner einer Institution als chronologisch geordnetes Konvolut bestehen lassen, insofern lediglich eine Bearbeitung von Anfragen vorgenommen oder im Auftrag geschrieben wurde, der Inhalt also nicht maßgeblich von der Persönlichkeit des einzelnen Briefschreibers geprägt ist. Darüber hinaus sind die Korrespondenzen von Privatpersonen in a) Geschriebene Briefe des Bestandsbildners, b) Empfangene Briefe und c) Briefe Dritter aufgegliedert. Im weiteren haben wir die von Robert Zahn geschriebenen Briefe und die Briefe Dritter alphabetisch nach den Namen der Empfänger sowie die von Zahn empfangenen Briefe nach dem Absender geordnet. Zur Erschließung der Korrespondenzen fanden die Namen des Empfängers und des Absenders bzw. ein Pseudonym, das Briefdatum und der Absendeort Aufnahme. Auf die Angabe von Geburts- und Todesdaten haben wir grundsätzlich verzichtet.

Obwohl sich inhaltliche Recherchen bereits mit der Angabe der Person des Schreibers vor allem in Kombination mit dem Ausstellungsort und -datum vornehmen lassen,[1] setzt dies doch Kenntnisse über die relevante Person bezüglich ihrer Biographie und ihrem Tätigkeitsfeld voraus. Beispielsweise lassen sich aus Briefen im Nachlaß Zahn Informationen zu den Grabungen der Berliner Museen ermitteln, in dem der Name eines bekannten Ausgräbers mit dem Zeitraum verknüpft wird, in welchem dieser sich an einer Ausgrabung beteiligte. Diese Methode der Recherche erfolgt jedoch nach dem Zufallsprinzip. Eine zielgerichtete Ermittlung von Informationen in Briefen ist nur mit der inhaltlichen Erschließung möglich. Aus arbeitsökonomischen Gründen haben wir aus dem Nachlaß Robert Zahn bisher nur die aus der Sammlung der Literaturnotizen herausgelösten Briefe inhaltlich erschlossen. Darüber hinaus sind Kurzregesten zu den englischsprachigen Korrespondenzen von einem Praktikanten angefertigt worden. In ähnlicher Weise ist auch eine Erschließung der in griechischer Sprache abgefaßten Briefe vorgesehen.

---

1 Vgl. dazu Dachs S. 19f.

Gliederung zum Nachlaß Robert Zahn

I. Biographisches
1. Adreßbuch und Visitenkarten
2. Persönliche Erinnerungsphotographien und Skizzenbuch mit genealogischen Eintragungen
3. Mitgliedschaften in Gesellschaften und Verbänden (Urkunden, Ausweise, Manuskripte, Einladungen, Sitzungsprotokolle und Mitteilungen)
4. Rechnungen und Belege

II. Arbeitsmaterial
1. Museen, Sammlungen und Kunsthandel (Notizen, Photographien, Zeichnungen, gedrucktes Bildmaterial, Korrespondenzen)
2. Objekte (Notizen, Photographien, Zeichnungen, gedrucktes Bildmaterial, Gutachten, Korrespondenzen)
3. Grabungen (Notizen, Photographien, Zeichnungen, Korrespondenzen, Manuskripte fremder Provenienz und anderes provenienzfremdes Material)
4. Kunst (Notizen, Zeichnungen, Korrespondenzen)
5. Landschafts- und Architekturaufnahmen (Photographien, Zeichnungen, Postkarten)
6. Literaturnotizen zu allen Bereichen der Antike
7. Exzerpte
8. Druckschriften und Ausschnitte aus Druckschriften
9. Manuskripte fremder Provenienz

III. Manuskripte
1. Veröffentlichte Manuskripte
2. Unveröffentlichte Manuskripte

IV. Korrespondenzen
1. Korrespondenzen mit Privatpersonen (Briefe vom Nachlaßbildner, Briefe an den Nachlaßbildner, Briefe Dritter)
2. Korrespondenzen mit Museen, Verlagen und anderen Institutionen

Prof. Dr. Hartwig Walberg:
Meine Damen und Herren, liebe Kolleginnen und Kollegen, wir hatten einen recht interessanten Vormittag. Ich habe jetzt für den Nachmittag die Moderation von Herrn Schuler übernommen. Wir haben wieder drei ebenfalls sehr interessante Vorträge. Wir beginnen den Nachmittag mit einem Beitrag von Frau Christine Waidenschlager M.A. von der Stiftung Stadtmuseum Berlin. Frau Waidenschlager hat ein Kunstgeschichtsstudium in Marburg an der Lahn und in Berlin absolviert. Sie ist seit 1985 zunächst am Berlin-Museum tätig gewesen und dann später am Stadtmuseum in der Leitung der Modeabteilung. Das Stadtmuseum Berlin wurde vor genau zwei Jahren, und zwar in der Rechtsform einer Stiftung, gegründet. In diese Stiftung sind eine Vielzahl kleinerer und größerer Museen und Sammlungen eingeflossen, sowohl aus Ostberlin als auch aus Westberlin, und die beiden stadtgeschichtlichen Häuser, das Berlin-Museum und das Märkische Museum. Die Modeabteilung war ein Teil der Westberliner Mitgift und ist in diese Museumsehe eingebracht worden. Die Abteilung ist schon etwas älter. Sie ist 1980 gegründet worden von dem damaligen Direktor des Museums, Prof. Dr. Rolf Bothe. Ich denke, wir werden jetzt einen ganz anderen Aspekt hören, einen rein musealen, der etwas mit Mode zu tun hat und vielleicht auch einen gewissen Unterhaltungswert hat, wir dürfen sehr gespannt sein. Bitteschön.

Künstler- und Firmenarchive in der Modeabteilung des Stadtmuseums Berlin

Christine Waidenschlager

Ich freue mich sehr, daß ich das Stadtmuseum Berlin auf der heutigen Tagung zu Ehren von Prof. Beck vertreten und die Archive der Modeabteilung einem so breiten Kreis erfahrener Kollegen vorstellen darf.

Die Modeabteilung des Stadtmuseums möchte die Erinnerung an einen der bedeutendsten Berliner Wirtschaftszweige, die Konfektion, bewahren und dessen Leistung würdigen, wir sammeln daher seit 1980 gezielt Berliner Modellkleider. Doch mit Kostümen allein ist dem Mythos Konfektion nicht beizukommen. Man muß die Menschen, die hinter den Kleidern standen, – vom Firmengründer bis zur Näherin in Heimarbeit – deutlich machen und ihnen ein Gesicht verleihen, will man den Museumsbesucher an diesem Mythos teilhaben lassen.

Archivgut, Fotos, Entwürfe, Geschäftsunterlagen, Zeugnisse, Anstellungsverträge sind daher mittlerweile für unsere Arbeit ebenso wichtig geworden, wie die Modellkleider selbst. Wir stehen allerdings vor dem großen Problem, daß selbst von den bedeutendsten und bekanntesten Unternehmen – bis auf eine Eintragung im Branchenverzeichnis – kaum etwas überliefert worden ist. Niemand hat sich vor uns gezielt für diese Dinge interessiert. Wir müssen daher die Tatsache akzeptieren, daß bis etwa 1920 so gut wie keine archivalischen Unterlagen erhalten geblieben sind. Und auch für die 20er Jahre und die Zeit des Nationalsozialismus können wir nur wenige Materialien vorweisen. Für diesen Zeitraum kommt außerdem erschwerend hinzu, daß sich ein bedeutender Teil der Unternehmen in jüdischem Besitz befanden und alle Objekte und Unterlagen, die die Erinnerung an diese Unternehmen bewahren könnten durch die grausame Vernichtungsarbeit der Nationalsozialisten systematisch zerstört worden sind. Doch trotz dieser Schwierigkeiten kann ich heute sagen, die Anfänge sind gemacht, die Modeabteilung besitzt mittlerweile eine Vielzahl großer, mittlerer und kleiner Archive, die die Geschichte der Berliner Konfektion belegen. Sie unterteilen sich in drei große Bereiche:

1. die Firmenarchive, 2. die Künstlerarchive, 3. das Modearchiv des Modeinstituts der DDR, eine komplette Dokumentation der DDR-Modegeschichte. Jeder einzelne dieser Bereiche wird im folgenden beispielhaft vorgestellt.

1. Die Firmenarchive

In den Firmenarchiven finden sich, wie bereits angedeutet, nur vereinzelte Objekte aus den 20er und 30er Jahren, und wir sind froh, wenn wir zumindest mit Hilfe einiger Fotos einen Betrieb aus seiner Anonymität reißen können, wie zum Beispiel mit Hilfe einiger Abbildungen von 1932, die uns von einem ehemaligen Berliner, dem es glücklicherweise 1934 gelungen ist nach Israel zu emigrieren, zugesandt wurden. Da er außerdem in der Lage war, uns eine ausführliche Beschreibung der abgebildeten Personen zu geben, besitzen seine Aufnahmen höchsten dokumentarischen Wert für uns.

Fotograf: unbekannt

Abb 1: Aufnahme aus dem Modehaus Leopold Seligmann, 1932.

Abb. 1 Es handelt sich um die um 1900 gegründete Firma Max, später Leopold Seligmann, die auf die Fertigung von Damenmänteln und -kostümen spezialisiert war. Am Tisch sitzt Leopold Seligmann, der Firmeninhaber, mit einem Einkäufer aus der Provinz, neben dem rechts ein Verkäufer, ein sogenannter Reisender steht. Links sieht man drei Vorführdamen sowie unseren Gönner, es ist der junge Mann mit dem Bügel in der Hand. Hinter ihm ist

Charlie abgebildet, Herr Scharlinski, der Konfektionär des Hauses, der die Kollektionen entworfen hat. Der Mann mit dem Schnurrbart hinter Leopold Seligmann wurde nicht erwähnt. Leopold Seligmann ist die Emigration gelungen, er starb 1946 in den USA. Diese Fotos sind die einzige Erinnerung, die wir an seine Firma besitzen und gerade daher von großer Bedeutung.

Nach 1945 wird die Dokumentation der Berliner Konfektion einfacher, hier konnten wir noch lebende Berliner Modeschöpfer direkt ansprechen und sie überzeugen, daß es die sinnvollste Krönung ihres Lebenswerks sei, wenn sie all das, was sie – zwar meist recht unsystematisch – aber eben doch aufbewahrt haben, dem Museum übereigneten. Dies ist bisher glücklicherweise immer in Form großzügiger Schenkungen gelungen.

Fotograf: unbekannt

Abb 2: Die Berliner Modeschöpferin Ursula Schewe mit ihren Mitarbeiterinnen, um 1954.

Den Anfang machte Ursula Schewe, seit 1941 Inhaberin eines Modesalons in der Charlottenburger Wielandstraße. Abb. 2 zeigt Ursula Schewe in den 50er Jahren im Kreis ihrer Mitarbeiterinnen. Als ich die Unterlagen von Frau Schewe, die ich zu diesem Zeitpunkt gar nicht persönlich kannte, zugeschickt bekommen hatte – rund 40 Fotos sowie Skizzen und eine Mappe mit Pressebe-

74

Abb 3: Die Modeschöpfer Hans Seger und Gerd Staebe zusammen mit zwei Manne-
quins im Vorführraum ihres eleganten Salons, um 1960.

richten – war ich fasziniert, wie dank dieser wenigen Materialien die mir unbekannte Ursula Schewe Gestalt annahm und ihr Werdegang einer tüchtigen Unternehmerin der Nachkriegszeit plötzlich plastisch vor mir lag.

Daß wir unser nächstes Archiv überhaupt erhalten haben, verdanken wir – trotz Briefwechsel und Zusicherung durch den Modeschöpfer – letztlich seiner Haushälterin, die sich nach seinem Tod mit dem Museum in Verbindung setzte und gegen den Willen des Erben Fotos, Zeichnungen, Filme und Presseberichte für uns aus der Mülltonne holte. Dieses Archiv ist heute eines der zentralsten und wichtigsten unserer Sammlung, es ist das, was an Unterlagen aus dem renommierten Modehaus Staebe-Seger erhalten geblieben ist. Es umfaßt rund 200 Fotoaufnahmen, 20 historische Filme von den Modenschauen und die Kollektionsentwürfe von 1959 bis zur Aufgabe des Hauses 1972. Ob vollständig, das sei dahingestellt, denn oft blieben ja die Zeichnungen bei den Zwischenmeistern und wurden nach Ablieferung des Modells und der Erstellung des Schnitts von diesen weggeworfen. Es waren eben „nur" Arbeitsunterlagen. Das Modehaus Staebe-Seger war eines der elegantesten nach 1945. Jedes der Modellkleider, die dort entstanden, ist eine schneidertechnische Meisterleistung und fasziniert durch Schnittführung, Stoffwahl und Ausführung. Daß die beiden Inhaber Stil hatten, erkennt man auch an Abb. 3, einer geschickten „In-Szene-Setzung" im eigenen Modesalon.

Die bisher umfangreichste Archiv-Schenkung hat uns 1992 der Berliner Modeschöpfer Heinz Oestergaard übereignet. Rund 1000 Fotos und 1000 Zeichnungen sowie umfangreiches Pressematerial dokumentieren seine Arbeit von den Anfängen 1945 an. Anläßlich seines 75. Geburtstags haben wir diese Schenkung mit einer Ausstellung und einem Katalog gewürdigt (Abb. 4).

2. Die Künstlerarchive

Neben den Firmenarchiven besitzt die Modeabteilung des Stadtmuseums eine Reihe von Künstlerarchiven, Archive von Berliner Modezeichnern und -fotografen. Ich möchte daraus zwei große Komplexe vorstellen, die wir in den letzten beiden Jahren erwerben konnten: Erstens das 1995 mit Hilfe der Stiftung Deutsche Klassenlotterie erworbene Archiv des Berliner Modezeichners Gerd Hartung, eines Berliner Modezeichners, der von 1933 bis in die 90er Jahre hinein für alle bedeutenden Berliner und westdeutschen Mode- und Textilzeitschriften gezeichnet hat. Neben ihrem hohen künstlerischen Niveau sind die 2500 Modezeichnungen aus den Jahren 1933 bis 1993 von großer dokumentarischer Bedeutung für uns, denn die Arbeit zahlreicher, heute oft vergessener Berliner Modehäuser wird hier so umfassend dargestellt, wie dies mit

Abb 4: Heinz Oestergaard bei einer Anprobe mit dem Mannequin Gisela Reißmann, um 1949.

originalen Kostümen nicht mehr möglich ist. Besonders wichtig ist diese ausführliche Dokumentation jedoch für die Zeit des Nationalsozialismus, in der zum einen jüdische Betriebe zerstört wurden, die nicht-jüdischen jedoch in dieser von Krieg, Vernichtung und Rationierung geprägten Zeit von ausgesprochener politischer Bedeutung waren, denn die sogenannte deutsche Mode war ein wichtiger Wirtschaftsfaktor, der durch den Export in neutrale Länder ausländische Devisen ins Land brachte. Dank des Archivs von Gerd Hartung ist es möglich, die Rolle, die den Berliner Modehäusern von den nationalsozialistischen Ideologen zugewiesen worden war, zu erforschen und zu verdeutlichen (Abb. 5).

Das Hartung-Archiv fand im letzten Jahr eine sinnvolle Ergänzung durch den Erwerb des künstlerischen Nachlasses des Berliner Modezeichners und - fotografen Kim. Tausende von Fotos, Dias, Zeichnungen und stapelweise Belegexemplare der Zeitungen, in denen er veröffentlichte, umfaßt dieses Archiv. Kim war ein unermüdlicher Fotograf, der jede Modenschau, die in Berlin gezeigt wurde, aufgenommen hat. Er darf daher mit Recht als der Chronist der

Abb 5: Modefigurine mit Stoffprobe, um 1940.

modischen Entwicklung Berlins seit den frühen 60er Jahren gelten. In seinem Nachlaß finden sich fast geschlossen alle Modenschauen der Modemessegesellschaft, die Schauen aller Designer, der etablierten wie der Off-Szene und die Schauen aller wichtigen Modegeschäfte und Boutiquen.

3. Das Archiv des Modeinstituts der DDR

Unser dritter großer Archivkomplex ist das Archiv des Modeinstituts der DDR, das dem Berlin Museum 1991 vom Modeinstitut geschenkt wurde. Dieses Archiv dokumentiert mit seinen Beständen von 10 000 Graphiken, 20 000 Fotos, 35 000 Dias, zahlreichen Filmen und Videoaufzeichnungen, kompletten Zeitschriftenreihen und ausführlichen schriftlichen Unterlagen die Geschichte und Arbeitsweise des Modeinstituts der DDR, von den Anfängen 1952 bis 1990. Gleichzeitig gestattet die großzügige Aktenlage auch einen grundsätzlichen Einblick in die Modegeschichte der DDR (Abb. 6). Die Tätigkeit des Modeinstituts, aber auch die Frage, inwieweit die dort entstandenen, schönen Entwürfe in die Realität umgesetzt wurden, wie die Abstimmung zwischen Institut und Industrie war und was der Endverbraucher letztlich getragen hat, all dies soll in einer großen, für 1999 geplanten Ausstellung zu Bekleidung und Mode in der DDR thematisiert werden.

Womit ich dann bei meinem letzten Punkt, den Problemen unserer Archive, angelangt bin. Auf Grund der sehr schwachen personellen Ausstattung der Abteilung, an der sich auch in absehbarer Zeit wenig ändern wird, haben wir erhebliche Probleme bei der kompletten Bearbeitung unserer archivalischen Bestände. Meine Abteilung hat zwei festangestellte Mitarbeiter, eine Archivarin, die das Archiv des Modeinstituts der DDR betreut, womit sie, wie man an den Zahlen gesehen hat, voll ausgelastet ist. Darüber hinaus wird ein großer Teil ihrer Zeit von der Betreuung der zahlreichen Nutzer des Archivs in Anspruch genommen. Doch dies ist uns sehr wichtig, denn wir wollen, wie noch zu Zeiten des Instituts, eine offene Einrichtung sein. Das Archiv, das sich bis 1994 im Haus des Modeinstituts in der Brunnenstraße befand, ist heute in der Brüderstraße untergebracht. Da hier nicht ausreichend Platz zur Verfügung steht, ist ein Teil aller Akten eingemottet und kann zur Zeit nicht eingesehen werden. Doch hoffen wir, daß sich dies 1999 mit dem erneuten Umzug des Archivs in das Alte Kammergericht mit Jüdischem Museum ändern wird. Die zweite festangestellte Kraft bin ich, zuständig für alles übrige, sprich: die Kostümsammlung und die Betreuung all der anderen beschriebenen Archive.

Da mir dank eines kleinen Werkvertrags eine Kostümhistorikerin an einem Tag in der Woche zur Seite steht, war es möglich, bis auf die Archive Hartung

Abb 6: Sportlich-winterliches Tagesensemble, vorgestellt vom Modeinstitut der DDR anläßlich der RGW-Tagung 1960 in Moskau.

und Kim alles einigermaßen im Griff zu behalten, d. h. die einzelnen Bestände genau zu kennen und eine konservatorisch korrekte Unterbringung zu gewährleisten. Daß dies selbst für das Hartung-Archiv realisiert werden konnte, verdanke ich allerdings dem engagierten ehrenamtlichen Einsatz einer Kollegin, Frau Dr. Hettler, der ich an dieser Stelle ganz herzlich danken möchte. Sie ist zur Zeit über eine ABM-Maßnahme feste Mitarbeiterin bei uns und bereitet die Ausstellung zur Mode in der DDR vor.

Schwierig ist momentan vor allem der weitere Umgang mit dem Nachlaß des Fotografen Kim. Die Bearbeitung dieses Bestands, der für die Berliner Modegeschichte der letzten 30 Jahre eine unerschöpfliche Quelle darstellt, hat kaum begonnen. Da die Materialien vollkommen ungeordnet sind, ist zur Zeit ein Praktikant damit beschäftigt, all die Fotoschachteln mit Abzügen und Negativen chronologisch zu ordnen und eine Konkordanz zwischen Abzügen, Negativen und Dias herzustellen, damit wir erst einmal einen Überblick erhalten, was alles da ist, welche Schauen, welche Veranstaltungen wann fotografiert wurden. Erst danach kann in einem zweiten Schritt mit dringend wichtigen konservatorischen Maßnahmen begonnen werden, z.B. das Einbringen in säurefreie Pergamintüten. Doch all dies kann nicht parallel zu allen anderen Arbeiten von mir allein mit Hilfe eines Praktikanten geleistet werden. Ich habe daher im Januar eine ABM-Stelle nur hierfür beantragt, ein Antrag, der jedoch zur Zeit immer noch unbearbeitet beim Senat liegt. Und Sie alle wissen es – ebenso wie ich –, daß die Chancen, eine ABM-Bewilligung zu erhalten, immer geringer werden.

Trotzdem bin ich zuversichtlich, daß auch dieses Archiv bald bearbeitet werden wird. Die Arbeit an einer Modeabteilung macht einfach zu gute Laune, um die Dinge langfristig negativ zu betrachten. Mit dieser Einschätzung bin ich am Ende meiner Ausführungen angelangt und danke Ihnen für Ihre Aufmerksamkeit.

Prof. Dr. Hartwig Walberg:
Vielen Dank, Frau Waidenschlager, für Ihren sehr interessanten und sehr eindrucksvollen Vortrag, der uns in die Museumswelt entführt hat, weg von den staubigen Akten und den kalten Datenbanken und auch das eine oder andere Schmunzeln auf unsere Gesichter zauberte. Ich habe etwas länger auf die Herrenmode warten müssen, aber sie kam dann doch noch. Vielen Dank, daß Sie es nicht nur auf die Damenwelt beschränkt haben. Ich denke, daß Spezialkenntnisse einfach notwendig sind, und Sie haben ja auch erwähnt, daß Sie dort Hilfestellung haben aus dem Bereich der Museologie, sonst ließe sich si-

cherlich eine solche Tätigkeit auch nicht ausüben. Wir sind am Vormittag so verfahren, daß die Vorträge undiskutiert blieben. Ich frage einfach einmal, ob wir das durchbrechen wollen und ob es spontan Nachfragen gibt, bevor wir die Abschlußdiskussion nachher mit allen zusammen machen. Gibt es aus Ihrem Kreis Fragen an die Referentin, Anmerkungen, Hinweise, Bitten? Nein, dann wollen wir das der Abschlußdiskussion überlassen.

Ich hätte dann als nächsten Vortrag Frau Weschke von der Kleist-Gedenk- und Forschungsstätte in Frankfurt (Oder) anzukündigen. Das Thema lautet: Gegenwärtige und zukünftige Präsenz der literarischen Spezialbibliothek der Kleist-Gedenk- und Forschungsstätte in elektronischen Medien. Frau Weschke hat nach dem Abitur in einem Stadt- und Kreisarchiv in Neustrelitz gearbeitet. Ich wollte damit geschickt einleiten, daß ihr Weg von der Archivwelt eines Kreisarchivs über das Studium an der Humboldt-Universität Berlin am Institut für Bibliothekswissenschaft dann zum Abschluß im Bereich Informationswissenschaft führt, womit die Brücke, die wir ja heute auch thematisieren, zwischen A (Archiv), B (Bibliothek) und D (Dokumentation) zum I für Informationswissenschaft geschlossen wäre. Seit 1996 sind Sie an der Kleist-Gedenk- und Forschungsstätte in Frankfurt (Oder) mit der Verantwortlichkeit für die Bibliothek tätig.

Gegenwärtige und zukünftige Präsenz der literarischen Spezialbibliothek der Kleist-Gedenk- und Forschungsstätte Frankfurt/Oder in elektronischen Medien

BRITTA WESCHKE

1. Die Bibliothek der Kleist-Gedenk- und Forschungsstätte Frankfurt/Oder

Die Bibliothek der Kleist-Gedenk- und Forschungsstätte (KGF) entwickelte sich von 1919 an aus einer von der Stadt Frankfurt (Oder) angekauften Privatsammlung. Bei dieser Sammlung handelte es sich um den Nachlaß des Kleist-Forschers Ottmar Bachmann (1855-1918).[1] Sie bildet den Grundstock des heutigen Bestandes der Bibliothek, welcher inzwischen auf mehr als 30 000 Medieneinheiten angewachsen ist. Zu den Bestandsergänzungen gehören zwei weitere Teilnachlässe, die ebenfalls von renommierten Kleist-Forschern[2] stammen.

Die Bibliothek befindet sich seit 1969 im Gebäude der ehemaligen Garnisonsschule und ist als eine selbständige Einheit in das Kleist-Museum Frankfurt (Oder) integriert. Sie hat den Status einer literarischen Spezialbibliothek mit einem sehr heterogenen, der Museumsfunktion, aber auch den Forschungsaktivitäten Rechnung tragenden Bestand. So umfaßt die Sammlung u.a.: Autographen von Christian Ewald von Kleist, Heinrich von Kleist, Franz Alexander von Kleist, Achim von Arnim und Friedrich de la Motte Fouqué, Primär- und Sekundärliteratur sowie Zeitungsartikel und Zeitschriftenaufsätze, Briefe und diverse Schriftstücke zur Wirkungsgeschichte, Werke der

---

1 Insgesamt wurden 170 Bücher von der Witwe des Gymnasialprofessors O. Bachmann im Jahre 1919 von der Stadt Frankfurt/Oder, die den Nachlaß dann der Kleist-Gesellschaft überließ, angekauft. Weitere Anschaffungen tätigte von 1920-1945 die damals in der Oderstadt ansässige Kleist-Gesellschaft. Diese letztgenannten Anschaffungen machen auch den größten Teil der mit „Altbestand" in den Inventarbüchern gekennzeichneten Sammlung von nach 1945 aus, die 1963 vom Stadtarchiv Frankfurt/Oder abgegeben und endgültig in die Verantwortung des bereits 1953 wiedereröffneten Kleist-Museums übergegangen ist.

2 Der eine Nachlaß wurde in den 70er Jahren im Leipziger Antiquariat erworben. Es handelt sich dabei um einen kleinen Teil von etwa 24 Bestandseinheiten, die dem Kleist-Forscher Paul Hoffmann (1866-1945) gehörten. Ein weiterer Nachlaß mit einem großen Anteil an handschriftlichen wissenschaftlichen Dokumenten befindet sich neben der Berliner Kleist-Sammlung seit September 1996 als Dauerleihgabe der Amerika-Gedenkbibliothek Berlin in der KGF und stammt von Georg Minde-Pouet (1871-1950). Dieser Nachlaß ist eine umfangreiche Sammlung zur Biographie und zum Werk des Dichters Heinrich von Kleist und besteht aus gedruckten sowie ungedruckten Materialien.

bildenden Kunst und Theatralia sowie Bild- und Tonträger vor allem zu Heinrich von Kleist.[1] Die Bibliothek der KGF hat Präsenzcharakter, steht dabei jedoch nicht nur der Kleist-Forschung sondern auch der interessierten Öffentlichkeit für die Nutzung zur Verfügung.

2. Erschließung der Bestände

2.1. Früher – ein Rückblick oder was wurde getan?

„...viele Nachlässe schlummern unerschlossen in Bibliotheken und Archiven...“[2]
Die Bestände des Hauses wurden in den letzten Jahrzehnten sehr personalabhängig erschlossen und sind daher auf die unterschiedlichste Weise zugänglich gemacht worden.

Inventarbücher verzeichnen die Bestandseinheiten und weisen angekaufte Nachlässe auch als solche aus, so daß ein späterer Zugriff auf einzelne Nachlaßstücke bzw. ihre Gesamtheit gewährleistet ist.[3] Außerdem erfuhren die Nachlässe trotz akuten Platzmangels in der Bibliothek eine gesonderte Aufstellung. Ein alphabetischer Katalog wurde von Anfang an geführt, jedoch teilweise nicht nach bibliothekarischen Gesichtspunkten. Zudem ist er eine Mischung aus den Preußischen Instruktionen sowie den später benutzten Regeln der RAK/WB. So kommt es bei der Recherche häufig vor, daß falsche Ansetzungen, fehlende Nebeneintragungen sowie unkorrekte Titelaufnahmen den Zugang zum Bestand erheblich beeinträchtigen, Informationsverluste nicht ausbleiben. Der systematische Katalog erfuhr eine Unterbrechung, so daß es einen alten sowie einen neuen systematischen Katalog gibt. Er ist sehr unvollständig und spiegelt in keinem Fall den tatsächlichen Bestand des Hauses wider. Schlagwortkatalog und Standortkatalog sind nach anfänglichen Bemühungen ganz eingestellt worden. Neben den konventionellen, bibliothekarischen Zettelkatalogen existieren Verzeichnisse, die museumsspezifisch aufge-

---

1   Die quantitative Bestandsaufnahme von 1993/94 führte zu folgendem Ergebnis: Verfügbar sind mehr als 7 000 Buchbände, über 11 000 Zeitungsausschnitte und Zeitschriftenartikel (Kleistiana), etwa 2 000 Werke der bildenden Kunst und 2 000 Einzelstücke an Theatermaterialien, eine Fotosammlung von 4 000 Medieneinheiten, 64 Noten sowie 150 Tonträger. Die auf Kleist bezogene Bildkunst sowie Theatralia samt der dazugehörigen Korrespondenz werden erst seit 1969 verstärkt in der Bibliothek der KGF angeschafft.

2   Seck, Friedrich: Die Erschließung von Nachlässen und Autographen mit EDV, S. 31.

3   Zum Nachlaß von O. Bachmann existiert außerdem ein handschriftliches Übergabeprotokoll von 1919, das vermutlich noch von ihm selbst zu Lebzeiten angefertigt worden ist.

baut worden sind und neben formalen Angaben zu den einzelnen Objekten kurze Eigenschaftsbeschreibungen sowie eine Abbildung (meist ein Foto) enthalten (vgl. Abb. 1). Leider sind auch diese Verzeichnisse vorzeitig aufgegeben worden.

Erschwerend für die deutlich gewordene, unabdingbare retrospektive Erfassung der Bestände mittels Autopsie kommt hinzu, daß aufgrund akuten Personalmangels viele Neuanschaffungen der letzten Jahre nicht eingearbeitet werden konnten. Das betrifft insbesondere die unzähligen Zeitschriften- und Zeitungsartikel, die sog. Kleistiana.

2.2. Gegenwärtig – eine Bestandsaufnahme oder was wird getan?

„... Nachlässe sind zur Erschließung mit der Datenverarbeitung geradezu prädestiniert ...“[1]

Seit September 1996 verfügt die KGF über eine neu eingerichtete Bibliothekarstelle, so daß die laufende Erfassung der Bestände als gesichert angesehen werden kann. Der konventionelle Zettelkatalog wurde mit Beginn diesen Jahres (1997) eingestellt. Sämtliche Neuzugänge in der Bibliothek werden mit Hilfe des Datenbankprogramms „LARS II für Windows" erfaßt (vgl. Abb. 2). Warum LARS ? Nun, diese Frage läßt sich nur im Zusammenhang mit der „in deutschen Landen betriebenen" Kleist-Forschung beantworten. Die Brandenburger Kleist-Ausgabe (BKA)[2], das Kleist-Archiv Sembdner in Heilbronn und auch die Berliner Kleist-Sammlung mit integriertem Minde-Pouet-Nachlaß haben sich seit ihrer gemeinsamen, koordinierten Erschließungstätigkeit, etwa seit 1993, für die Anschaffung eines einheitlichen Datenbankprogramms, nämlich LARS, entschieden, um spätere Kompatibilitätsschwierigkeiten bei der elektronischen Zusammenführung der Datensätze zu vermeiden.[3] Dabei läßt das Programm trotz abgestimmter Planung noch die individuelle Gestaltung der institutseigenen Datenbanken zu. Das System wird in den verschiedensten Bereichen, u.a. in der Industrie, in Banken und Versicherungen, Rundfunkanstalten und Behörden, eingesetzt, zeichnet sich durch einen sehr guten Kundenservice sowie die ständige Pflege und Weiterentwicklung der Software aus. LARS ist ein menügeführtes, relationales Datenbanksystem und

---

1 Seck, Friedrich: Die Erschließung von Nachlässen und Autographen mit EDV, S. 31.
2 Vorher, bis 1991, als Berliner Kleist-Ausgabe herausgegeben.
3 Die Zusammenführung der institutseigenen Datenbanken findet ihre Begründung in der Herausgabe einer gemeinsamen Kleist-Bibliographie sowie in diversen Recherchemöglichkeiten für die Kleist-Forschung.

passep.

Gegenstand
Viadrina : 3 Portr., darunter i. d.
Mitte Kleist, unter dem Kleist-Portr.
i. Reihe d. Portr. Siegel d. Viadrina;
Radierung / Gerhard Goßmann. - 1987

Herkunft Fundort / Vorkommen
Gerhard Goßmann, E.-Thälmann-Str. 92,
Fürstenwalde, 1240

Fundstelle Mbl.

Foto-Zeichnung Maße Bl. 37,5 x 49 cm, BAli. 16 x 10,
m.: 20,2 x 12 cm, BA re. 15,8 x 10,
cm, Ø Siegel 6,7 cm

Zeitstellung bzw. system. Einordnung 1987

Inventar-Nr. III/10787

Sachgruppe I

Alte Nr.

Art der Erwerbung Kauf

Ankaufpreis (m. 12 weiteren Bl.)
insges. 975,00 M
erworben am: 29. 11. 1989

Künstler, Werkstatt, Hersteller, Material Technik

Goßmann, Gerhard

Sammler Bestimmer Me

Präparationstechnik Erhaltung Pflege

Standort Stempel des Museums

Ausstellungsraum

Magazin

Sonstige Beschreibung und Literatur rückseitig

V I A D R I N A

Negativ-Nr. Dia-Nr.

VV Spremberg AG 310/80/DDR/4121 — II-19-1 — 118 Sp.

Bestell-Nr. 523 04

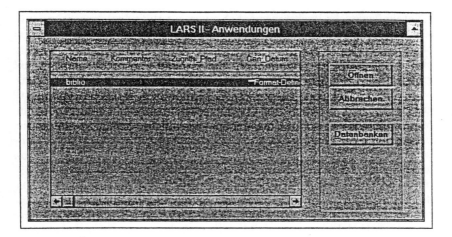

- 1. Ebene -

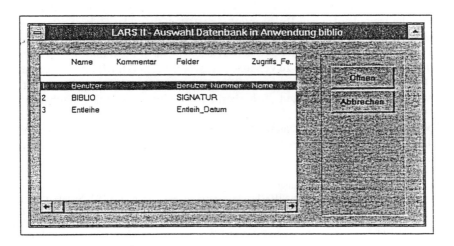

- 2. Ebene -

bietet umfangreiche Recherchemöglichkeiten mit Hilfe boole'scher Operatoren (und, oder, nicht), unterstützt Trunkierungen, Synonymlisten, den Gebrauch diverser Thesauri, läßt datenbankübergreifende Recherchen zu und bietet vielfältige Möglichkeiten der inhaltlichen Erschließung, wobei Indexbegriffe automatisch aus Volltexten generiert sowie Stopwort- und Synonymwortlisten zum Einsatz gebracht werden können. Des weiteren ist das Programm in der Lage, Bilddateien in die Datenbank zu integrieren, was für ein Museum mit objektorientierter Arbeitsweise von großem Nutzen ist. Auch die Eingabe- und Ausgabemasken und -formate können individuell gestaltet werden, so daß die Herausgabe eines Bestandsverzeichnisses sowie einer Bibliographie durch das System unterstützt wird, d.h. die Weiterbearbeitung der bibliographischen Einheiten in der Textverarbeitung problemlos möglich ist. Da die Bibliothek der KGF momentan nur über die „LARS II Standard"-Komponente verfügt[1], sind bestimmte, wünschenswerte Leistungen, wie die Einbindung eines Fachthesaurus, die Bildspeicherung in anderen Formaten als dem des *.bmp[2] sowie die Anbindung der Datenbanken ans WWW, noch nicht realisierbar.

In der Bibliothek der KGF werden z. Z. 10 Datenbanken aufgebaut (vgl. Abb. 4), die sich in insgesamt vier Anwendungen (BIBLIO, KUNST, PERSON, BENUTZ) befinden. Diese Form der Datenbankorganisation, d.h. verschiedene Anwendungen als 1. Ebene zu definieren und jeder Anwendung dann auf der 2. Ebene die entsprechenden Datenbanken zuzuordnen, ermöglicht eine datenbankübergreifende Recherche. In der Anwendung BIBLIO sind die Datenbanken zur Buchsammlung (BIBLIO), zu den Zeitschriftenaufsätzen, Artikeln und Rezensionen (ZEITSCHR), zu den Handschriften und Typoskripten (HANDSCHR), zu audiovisuellen Materialien und Mikromaterialien (AUDVISU) sowie zu geplanten Anschaffungen (DESI) untergebracht. Das bedeutet, daß die Anwendung „BIBLIO" das in einer Bibliothek üblicherweise vorhandene Schriftgut „beherbergt". Die vier genannten Datenbanken innerhalb der Anwendung „BIBLIO" lassen sich mit Hilfe von Verweisen auf bestimmte Felder bei der Datenbankdefinition miteinander verknüpfen, so daß die oben erwähnte datenbankübergreifende Recherche nunmehr durchgeführt

---

1 Die Abbildung 3 veranschaulicht den derzeitigen Stand der Software-Nutzung in der KGF-Bibliothek, d.h. das mit einem Häkchen (✓) versehene Programm „LARS II Standard" wird momentan bereits genutzt, die mit einem Kreuz (x) versehenen LARS-Produkte „LARS II IMAGE VIEW" sowie „LARS II WWW Server" sollen zu einem späteren Zeitpunkt die Standardkomponente sinnvoll ergänzen und Erschließungs- sowie Retrievalmöglichkeiten der Datenbanken erweitern.
2 Der Nachteil bei der LARS-Standardvariante ist, daß Bilddateien nur im bmp-Format, welches sehr viel Speicherplatz belegt, in der Datenbank abgelegt werden können.

LARS II

Eine umfassende und reife Produktpalette

Standardsysteme	Lösungen	Dienstleistungen
LARS II DMS/Workflow	Teilkonfektionierte Lösungen	Konzeption
LARS II Archiv LARS II IMAGE VIEW ✗✗	LARS II Postarchiv	Projektierung
	LARS II Ablagearchiv	Programmierung
LARS II WWW Server		Customizing
LARS II Information Designer	LARS II Belegarchiv	Schulung
	LARS II Vertragsarchiv	Support
LARS II Standard ✓	LARS II Bibliothek	Installation

Integration

LARS Workshop in Berlin

Datenbanken der Bibliothek der KGF

Name der Datenbank	Inhalte
a) Buchsammlung *[DB-Name: BIBLIO]* Anwendung: BIBLIO	Gesamt- und Teilausgaben Einzelausgaben Sekundärliteratur, Bibliographien etc.
b) Aufsätze, Artikel und Rezensionen *[DB-Name: ZEITSCHR]* Anwendung: BIBLIO	wissenschaftliche und nichtwissenschaftliche Aufsätze und Rezensionen in Zeitschriften und Zeitungen (einschl. Kurzmeldungen) Aufsätze aus zeitschriftenartigen Reihen
c) Handschriften *[DB-Name: HANDSCHR]* Anwendung: BIBLIO	Handschriften, -kopien Typoskripte
d) Theatralia *[DB-Name: THEAT]* Anwendung: KUNST	Modelle Bühnen- und Szenenbildzeichnungen Szenenfotos Figurinen und -puppen Programmhefte Plakate Strichfassungen Requisiten
e) Audiovisuelle Materialien, Mikromaterialien, Spiele *[DB-Name: AUDVISU]* Anwendung: BIBLIO	Videos CD-ROMs Kassetten Tonbänder Schallplatten CDs Fotos (Neg., Pos.) Dianegative, Diapositive
f) Kunstsammlung *[DB-Name: KUNST]* Anwendung: KUNST	Bildwerke [Gemälde, Zeichnungen, Grafik, Gebrauchsgrafik[1]] Malerbücher Plastik [Skulpturen, Reliefs, Medaillen/Münzen]
g) museale Objekte *[DB-Name: MUSOBJ]* Anwendung: KUNST	Mobiliar (historische) Gebrauchsgegenstände
h) Personen *[DB-Name: PERSON]* Anwendung: PERSON	Künstler Schriftsteller Wissenschaftler Theaterleute Journalisten, Publizisten Politiker Kleist-Familie
i) Benutzungshinweise *[DB-Name: BENUTZ]* Anwendung: BENUTZ	zu allen Datenbanken und Feldern Recherchemöglichkeiten Besonderheiten
j) Desiderata *[DB-Name: DESI]* Anwendung: BIBLIO	geplante Anschaffungen

---

[1] Dazu gehören u.a.: Briefmarken, Plakate und Faltblätter.

90

werden kann, was wiederum für forschungsrelevante Anfragen von Vorteil ist. In der Anwendung KUNST wurden Datenbanken zu den Theatralia (THEAT), welche Modelle, Bühnen- und Szenenbildzeichnungen, Szenenfotos, Figurinen u.a. einschließen, zur Kunstsammlung (KUNST), die u.a. Bildwerke, Plastiken und Malerbücher verzeichnet, sowie zu musealen Objekten (MUSOBJ) – diese nimmt sämtliche historischen Gebrauchsgegenstände sowie Mobiliar auf – zusammengefaßt. Bei näherer Betrachtung der Anwendung „KUNST" fällt auf, daß hier der heterogene Bestand der KGF-Bibliothek seine Aufnahme findet. Die Anwendung „PERSON" macht Aussagen zu biographischen und werkrelevanten Schwerpunkten im Leben berühmter Personen, die zu Kleist in wie auch immer gearteter Beziehung standen und stehen. Und last but not least steht die Anwendung „BENUTZ" bereit für Benutzungshinweise, die sich auf die einzelnen Datenbanken sowie deren Feldbelegungen beziehen. Dabei soll die Datenbank „BENUTZ" Teil eines noch zu erarbeitenden Regelwerkes sein, welches über Ansetzungsformen bestimmter Feldinhalte, Recherchemöglichkeiten, Indexaufbau u.a.m. Auskunft geben soll. Zur Zeit fehlen außerdem noch ein Datenfeldkatalog zur Spezifizierung der einzelnen Felder in den Datenbanken, schriftlich fixierte Ansetzungsregeln die Inhalte einzelner Felder betreffend und unabdingbar für die datenerfassenden Mitarbeiter des Hauses sowie eine Printversion der Schlagwortliste zur Erleichterung der Indexierungstätigkeit, die gleichzeitig die Grundlage für den geplanten Thesaurus bilden soll. Das einzige Regelwerk, welches im Augenblick tatsächlich komplett vorliegt, ist die historisch gewachsene und sehr detaillierte Systematik für die Bestände der KGF. Die anderen, oben genannten Regelwerke müssen nun Schritt für Schritt erarbeitet werden, da sie für eine effektive und effiziente Arbeitsweise in der Bibliothek zur dringenden Notwendigkeit geworden sind.

Bei der Auswahl der Feldbelegungen (vgl. Abb. 5) für die 10 Datenbanken der KGF bildeten die RAK – in ihren diversen Stufen –, der Datenfeldkatalog der „Arbeitsgruppe Dokumentation" des Deutschen Museumsbundes, Kategorienkataloge unterschiedlicher Informationseinrichtungen sowie Datenbankdefinitionen anderer Literaturmuseen die Grundlage. Ergebnis war: zum einen Felder zur statistischen Kontrolle (wie die Lfd.-Nr., Wert/Jahr, Bearb./Datum) sowie Felder für eine umfassende formale Erfassung (wie Verfasser, Körperschaften, Titel, Ort, Jahr etc.) und zum anderen Felder für eine sehr tiefgehende inhaltliche Erschließung (wie Systematik, Schlagwörter, Besprechungen, Annotationen, Beschreibung).[1] Die Aufnahme der Bestandseinheiten er-

---

1   Abbildung 6 zeigt beispielhaft eine in der Datenbank BIBLIO aufgenommene Bestandseinheit.

eingerichtete Felder

Beispiel: DB - BIBLIO

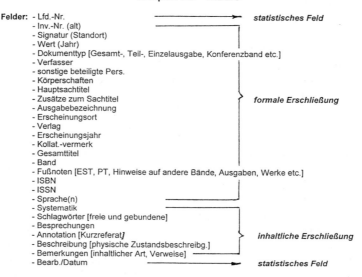

Felder:
- Lfd.-Nr.   →   *statistisches Feld*
- Inv.-Nr. (alt)
- Signatur (Standort)
- Wert (Jahr)
- Dokumenttyp [Gesamt-, Teil-, Einzelausgabe, Konferenzband etc.]
- Verfasser
- sonstige beteiligte Pers.
- Körperschaften
- Hauptsachtitel
- Zusätze zum Sachtitel   *formale Erschließung*
- Ausgabebezeichnung
- Erscheinungsort
- Verlag
- Erscheinungsjahr
- Kollat.-vermerk
- Gesamttitel
- Band
- Fußnoten [EST, PT, Hinweise auf andere Bände, Ausgaben, Werke etc.]
- ISBN
- ISSN
- Sprache(n)
- Systematik
- Schlagwörter [freie und gebundene]
- Besprechungen
- Annotation [Kurzreferat]   *inhaltliche Erschließung*
- Beschreibung [physische Zustandsbeschreibg.]
- Bemerkungen [inhaltlicher Art, Verweise]
- Bearb./Datum   →   *statistisches Feld*

Beispiel DB: HANDSCHR

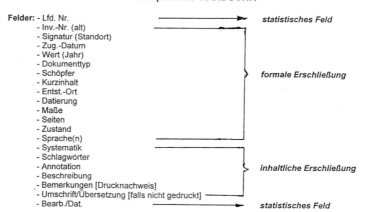

Felder:
- Lfd. Nr.   →   *statistisches Feld*
- Inv.-Nr. (alt)
- Signatur (Standort)
- Zug.-Datum
- Wert (Jahr)
- Dokumenttyp
- Schöpfer   *formale Erschließung*
- Kurzinhalt
- Entst.-Ort
- Datierung
- Maße
- Seiten
- Zustand
- Sprache(n)
- Systematik
- Schlagwörter
- Annotation   *inhaltliche Erschließung*
- Beschreibung
- Bemerkungen [Drucknachweis]
- Umschrift/Übersetzung [falls nicht gedruckt]
- Bearb./Dat.   →   *statistisches Feld*

formal und inhaltlich erschlossenes Beispieldokument aus der Datenbank „BIBLIO"

LFD_NR
145

INV_NR
97/212

SIGNATUR_STANDORT
I/3472

WERT_JAHR
298,- DM (1997)

DOKUMENTTYP
Buch; CD-ROM;
Katalog; Dokumentation

VERFASSER

SONSTIGE_BETEILIGTE_PERSONEN
Amann, Wilhelm [Hrsg.];
Wangermann, Tobias [Hrsg.];
Reuß, Roland [Bearb.];
Staengle, Peter [Bearb.]

KÖRPERSCHAFTEN
Institut für Textkritik

HAUPTSACHTITEL
Kleist-Material
ZUSÄTZE_ZUM_HST
Katalog und Dokumentation des Georg Minde-
Pouet Nachlasses in der
Amerika-Gedenkbibliothek, Berlin

AUSGABEBEZEICHNUNG
1. Aufl.

E_ORT
Basel; Frankfurt/M.

VERLAG
Stroemfeld / Roter Stern

E_JAHR
1997

KOLLAT_VERMERK
669 S.

GESAMTTITEL
BAND

FUSSNOTEN
enth.: CD-ROM zum Buch

ISBN
3-87877-563-6

ISSN

SPRACHEN
deutsch

SYSTEMATIK
222

SCHLAGWÖRTER
Minde-Pouet-Nachlaß; Sammlung; Amerika-
Gedenkbibliothek; Berlin; Katalog;
Dokumentation; CD-ROM; Handschriftlicher-
Nachlaß; Georg-Minde-Pouet;

BESPRECHUNGEN

ANNOTATION
Der vorliegende Band erschließt und
dokumentiert den handschriftlichen
wissenschaftlichen Nachlaß von Georg Minde-
Pouet. Er ist das Ergebnis eines
Forschungsprojektes von 1993 bis 1995 an der
Amerika-Gedenkbibliothek Berlin. Im
Mittelpunkt steht das zur Vorbereitung des
Kommentarbandes zu Pouets eigener Kleist-
Ausgabe zusammengetragene Material.
Von dieser Ausgabe, sie stellt die erweiterte
zweite Auflage der von Erich Schmidt 1904/05
herausgegebenen kritischen Gesamtausgabe
dar, erschienen zwischen 1936 und 1938
sieben, von insgesamt acht geplanten
Textbänden. Die Erschließung geht vom
Kommentarmaterial in den ersten beiden
Kartons aus, da Minde-Pouet hier immer
wieder auf andere Bereiche der Sammlung
verweist, etwa auf die "Kleistiana"-
Aufsatzsammlung oder auf die
Porträtsammlung, die sich auf diese Weise
systematisch anbinden lassen.

BESCHREIBUNG

BEMERKUNGEN
Handbestand

BEARB_DAT
we/5.8.1997

folgt über Autopsie. Da der inhaltlichen Erschließung eine große Bedeutung zukommt, müssen für Kurzreferat und Indexierung etwa 2h/BE[1] angesetzt werden.[2] Dies hat zur Folge, daß im Augenblick die geplante, retrospektive Erfassung der Bestände nur schleppend begonnen werden konnte, weil die Tiefe der Erschließung einfach Verstärkung im Personalbereich zur Voraussetzung hat.[3] Andererseits käme es für die Forschung zu erheblichen Informationsverlusten, würde sich die inhaltliche Erschließung auf die Einordnung der Bestandseinheiten in die vorhandene Systematik beschränken. Dieses Problem zu lösen, bleibt eine zukünftige Aufgabe der Bibliothek.

Obwohl die Datenbanken des Hauses noch nicht über das Internet verfügbar sind, präsentiert sich der Bestand des Kleist-Museums schon über die eigenen WWW-Seiten. Neuzugänge werden im regelmäßigen Update angezeigt, Autographen und Publikationen des Hauses sind abrufbar. Diese vereinfachte Form der weltweiten Bestandsrepräsentation stößt im Bereich der Wissenschaft auf große Resonanz und soll daher ausgebaut werden.

2.3. Zukünftig – ein Ausblick oder was muß getan werden?

EDV macht Nachlaßerschließung auf vielfältigste Art und Weise möglich und vereinfacht Erschließungs- sowie Zugriffsprozesse...

Auf lange Sicht hin läßt sich die Anschaffung des LARS II WWW Retrieval Servers nicht vermeiden, denn das Nachschlagen in seriell aufgelisteten bibliographischen Nachweisen ist – selbst via Internet – sehr mühsam und unbrauchbar für jegliche detailliertere Recherche. In diesem Zusammenhang wird auch darüber nachgedacht, die Bibliographie zu Kleist auf einem neuen Medium zu repräsentieren und neben der gedruckten Form ebenfalls elektronische Varianten, wie z. B. die Pressung der Datenbanken auf CD-ROM sowie deren Bereitstellung über ein LARS-Retrievalmodul, anzubie-

---

1   h/BE = Stunde pro Bestandseinheit; die Ermittlung des h/BE-Wertes für die inhaltliche Erschließung richtet sich nach allgemeinen Erfahrungswerten in Dokumentationseinrichtungen.
2   Erschwerend wirkt sich diesbezüglich das Nichtvorhandensein eines literarischen Fachthesaurus zum Thema „Kleist" aus, so daß die Indexierung nicht optimal erfolgen kann.
3   Verstärkung im Personalbereich ist nötig trotz der allgemeingültigen Grundsätze für die Erschließung von Bibliotheksbeständen, in denen davon ausgegangen wird, daß sich die Bearbeitung auf das Wesentliche zu konzentrieren hat und zeitraubende Perfektion vermieden werden muß. Doch gerade die Bestände von Spezialbibliotheken, die für eine ganz bestimmte Nutzergruppe aufzubereiten sind, scheinen diese Grundsätze außer Kraft zu setzen, wenn es um eine für die Wissenschaft sinnvolle inhaltliche Erschließung geht. Genauigkeit und Erschließungstiefe können hier Qualitätsmaßstäbe für die Forschung setzen.

b109900

Dokumenttypus Kuvert Kuvertumfang b109901-b109910
Kuvertaufschrift 98. *An Marie v. Kl., 24. Nov. 06*
Kuverttitel An Marie v. Kleist, 24.11.1806
Kuvertbeschreibung
Für diesen Brief an Marie v. Kleist liegen 10 Dokumente vor.
Dok 3, 6 und 8 sind Druckfahnenausschnitte zum Erstdruck
des Briefes (Georg Minde-Pouet: Neue Briefe Heinrich von
Kleists. In: Deutsche Rundschau, Bd. 161 [Oktober 1914], H. 1,
118f.). Dem Erstdruck ist ein Kommentar mit Hinweisen zur
Überlieferung des Briefes beigefügt [Dok 6]. Minde-Pouet
fand diesen und einen weiteren Brief an Marie v. Kleist (vgl.
b22100) im Familienarchiv des Grafen Stosch, einem Nachfahren Marie v. Kleists, auf Polnisch Kessel bei Grünberg (Schle-
sien). Dok 3 enthält eine Kollationsnotiz und textkritische Anmerkungen, die Zählung nach MP wird eingesetzt,
verschiedene Textstellen werden erläutert, und eine Parallelstelle wird vermerkt. In einem weiteren Ausschnitt aus Minde-Pou-
ets Publikation [Dok 8] wird der biographische Kontext skiz-
ziert und auf den Zusammenhang mit dem späteren Brief an
Ulrike v. Kleist vom 31.12.1806 (vgl. b110100) aufmerksam gemacht. Die Dok 5 und 10, Auszüge aus Briefen Richard Sa-
muels, gelten der von Kleist erwähnten „Einlage an Fr. v. N.".
Der Adressat bleibt weiterhin unbekannt [Dok 5]. Die in der
Forschung vertretene These, daß es sich bei der „Einlage" um
das Manuskript des „Zerbrochnen Krugs" handelt, wird von
Samuel abgewiesen [Dok 10]. Dok 9 macht Angaben zu dem
im Brief genannten „Brause". In einem weiteren Briefauszug
stellt Samuel eine Unstimmigkeit in der Datierung der An-
kunft der Königin in Königsberg fest: Kleist nennt den
25.11.1806, die biographische Literatur über Königin Luise den
09.12.1806 [Dok 7]. Dok 1, 2 und 4 betreffen ein Porträt der
Marie v. Kleist, im Besitz des Grafen Stosch. Die Zeichnung ist
in MP II, vor 225, wiedergegeben.

Textüberlieferung: Dok 6
Kollation: Dok 3
Textkritik: Dok 3
Edition: Dok 3
Sacherläuterung: Dok 3; 5; 7; 10
Biographie: Dok 4; 5; 8; 10
Parallelstelle: Dok 3; 8
Literaturhinweis: Dok 7; 10
Bildnachweis: Dok 1; 2

Vgl.
MP II, 155-157
Sbd II, 771-773

Signatur b109901
Format 27,8 x 21,2 Blattanzahl 1 Dokumenttypus Brief
Absender Stosch, Henning Graf Empfänger Minde-Pouet
Ort Schwerte, Westfalen Datum o. D.
Transkription
Hoch zu verehrender Herr Professor
Meinen herzlichsten Dank für Ihren freundlichen Brief vom 5. Sept. indem
Sie mir den Empfang des Bildes bestätigen. Es ist das einzigste welches über-
haupt existiert und daher für mich und uns alle von gewissem Interesse ist.
Die Handschrift ist von der Hand Ihres Bruders Adolf v. Kleist gezeichnet
von Lulu. Ich habe eine Ahnenbildsammlung von mir ausgehend meine 32
Ahnen festgehalten und daher sammlung (Namen) über 6000 Personen
umfassend nach Ansicht Herr v Houwalds der Leiter des Heroldsamtes in
Berlin die größte des niederen Adels in Deutschland. Falls Sie Ihr Werk voll-
endet haben so wäre ich Ihnen sehr dankbar wenn Sie mich davon in Kenntnis
setzten. Ich schreibe seit 10 Jahren als Genealoge also gewisser verwandter Be-
griffe. Ich habe mich am 2. Sept. dieses Jahres mit Luise Gräfin v. Wedel
Sandfort verheiratet ud. wohne hier auf dem Rheinbadenschen Erbgut was
meiner Schwiegermutter gehört.
Mit bestem Gruß verbleibe ich als Ihr wohl ergebener
Henning Graf Stosch
Notizen <Hs. von M./P.> *geschr. 10.1.32*
Kommentar
Das Bild der Marie v. Kleist wurde von ihrer Tochter Luise
(„Lulu") gezeichnet, die mit dem Grafen George v. Stosch ver-
heiratet war. Adolf v. Kleist war nicht, wie es in dem Brief
heißt, der Bruder, sondern der Sohn Marie v. Kleists. Das Por-
trät der Marie v. Kleist ist abgedruckt in MP II, vor 225 (vgl.
b109902).
Schlagwörter Bildnachweis

Signatur b109902
Format 22,6 x 29,2 Blattanzahl 1 Dokumenttypus Brief
Absender Brockhaus, F. A. Empfänger Minde-Pouet
Ort Leipzig Datum 04.09.1930
Transkription
Hochgeehrter Herr!
Auf Veranlassung von Herrn Doktor Michel, der sich zur Zeit auf Urlaub
befindet, erlaube ich mir Ihnen Folgendes mitzuteilen: In einem ungedruckten
Brief Achim von Arnims an F. A. Brockhaus aus dem Jahre 1830 fand Herr
Doktor Michel eine Stelle, die sich, wie er vermutete, auf Marie von Kleist
bezieht. Da er aber nicht sicher war, daß Frau von Kleist damals noch lebte,
suchte er zunächst das ihm nicht genauer bekannte und in der Familienge-
schichte nicht erwähnte Todesdatum festzustellen. Auf eine Anfrage sandte mir
freundlicherweise Graf Henning von Stosch in Alt-Kessel beiliegende Bild-
postkarte mit nachstehender Zuschrift: „Das beigefügte Bild ist das einzigste,
welches überhaupt von ihr existiert. Gezeichnet von ihrer Tochter Lulu Stosch.
Die Handschrift auf dem Bild ist die ihres Bruders (? offenbar Schreibfehler
für 'Sohnes') Adolf von Kleist Excellenz. Das Bild im Original ist in un-
serm Besitz. Professor Minde-Pouet würde sich sehr freuen, wenn Sie es ihm
zusenden, da er keines hat und ich seine Adresse nicht kenne."
Ich beeile mich den Wunsch des Herrn Grafen zu erfüllen, und zeichne in
aufrichtiger Hochachtung
F. A. Brockhaus
Kommentar
Der erwähnte Brief Arnims an Brockhaus ist heute verschollen.
Das Porträt der Marie v. Kleist ist abgedruckt in MP II, vor 225
(vgl. b109904).
Schlagwörter Bildnachweis

ten.[1] Der Aufbau der Inhouse-Datenbanken soll im Ergebnis dazu führen, daß ein Bestandsverzeichnis sowie eine bis dato noch fehlende Bibliographie zu Kleist für den Zeitraum von 1802 bis 1914 herausgegeben werden kann. Dieses Vorhaben ist ein Gemeinschaftsprojekt der KGF und des Kleist-Archivs Sembdner der Stadtbibliothek Heilbronn, welches sich auf das Bibliographieren der Primär- und Sekundärliteratur zu Kleist nach 1960 konzentriert. Gleichzeitig soll durch die elektronische Erfassung und Erschließung des Inhouse-Bestandes dieser ortsunabhängig und dadurch leichter, schneller sowie auf vielfältigste Weise zugänglich gemacht werden.

Ein größeres Projekt der Kleist-Gedenk- und Forschungsstätte soll sich mit dem Aufbau einer multimedialen Anwendung zu Heinrich von Kleist auf der Basis der Künstlichen Intelligenz befassen und ebenfalls als CD-ROM-Version erscheinen (vgl. Abb. 8). Hierbei geht es darum, dreidimensionale Bilder zu verarbeiten, die einen Museumsrundgang (auf der 1. Ebene) simulieren und jeglichen Zugang zu Informationen über die ausgestellten Objekte (auf der 2. Ebene) ermöglichen. Die sich im Aufbau befindlichen Datenbanken mit den unterschiedlichsten Erschließungsstufen in bezug auf die Dokumenteninhalte bilden dabei eine erste Grundlage. Als Kooperationspartner sollen neben einer renommierten Software-Firma auch die FH Potsdam sowie das Institut für Bibliothekswissenschaft der Humboldt-Universität zu Berlin gewonnen werden. Zielgruppen sind neben Museumsbesuchern und Bibliotheksbenutzern vor allem ortsunabhängige, an Kleist interessierte Personen, die über das Netz oder aber über eine CD-ROM befähigt werden sollen, sich mit dem Thema Kleist auf unterschiedlichsten Verarbeitungsebenen (allgemein, speziell, forschungsrelevant) zu beschäftigen. Informationen sollen mit Hilfe eines Expertensystems so aufbereitet werden, daß neuartige Kombinationen von Informationsinhalten möglicherweise bis hin zu neuen Erkenntnissen führen. Hier zeigt sich die Bedeutung der sorgfältigen, inhaltlichen Erschließungstätigkeit, mit der sich Bibliotheken, und gerade auch Spezialbibliotheken, mehr als bisher und unter Berücksichtigung der realisierbaren Ein-

---

1 Ein Teil des Minde-Pouet-Nachlasses, d.h. das handschriftliche wissenschaftliche Material, ist als Ergebnis eines Forschungsprojektes von 1993 bis 1995 bereits auf diese Art und Weise auf CD-ROM verfügbar gemacht worden. Der große Vorteil der Datenbankversion gegenüber der gedruckten Dokumentation, die besonders an Wert verliert, da sie nicht durch Register u.ä. erschlossen wurde, liegt im Vorhandensein des Volltextes im Feld „Transkription". Über Volltextretrieval können gezielte Anfragen schnell und unproblematisch beantwortet werden. Das lange Suchen in den diversen Zettelkästen des handschriftlichen Nachlasses hat somit ein Ende. Abbildung 7 stellt ein formal und inhaltlich erschlossenes Beispieldokument aus dem oben genannten Material vor. Der Nutzen der computergestützten Erschließung für die Kleist-Forschung bleibt jedoch vorläufig noch ein Untersuchungsfeld der KGF für die kommenden Jahre.

Multimedia-Projekt [Stand: 28.5.1997]

- Auszug -

Struktur

Oberfläche/: Museumsrundgang (als zwei- oder aber dreidimensionaler Raum)
Einstieg über

↓ (Vitrinen, Wand, Mobiliar)

Zugriff auf bestimmte Objekte (z.B. Bilder, Bücher, Hss. etc.)

↓

detailierte Informationen[1] (Hypertextverbindungen, Datenbankzugriff)

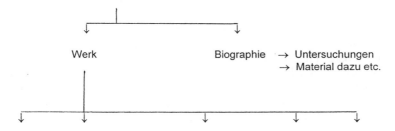

Werk   Biographie → Untersuchungen
                                    → Material dazu etc.

Primärliteratur   Forschungsliteratur   bildende Kunst   Übers., Bearb.   Theater-
(Volltexte, Hss.) (Material[2], Kleistforscher,   material
                   Auswertungen,
                   Aufsatzsammlung etc.)

---

[1] Die Informationen sollen je nach Zielgruppe differenziert werden (allgemein, speziell, neuwertig, forschungsrelevant, untersuchungsbedürftig etc.)

[2] Unter Einbeziehung von noch unausgewerteten Typoskripten und Handschriften zur Erforschung der Kleist-Rezeption, die sich ausschließlich im Archiv des Kleist-Museums befinden.

bindung von Expertenwissen auseinanderzusetzen haben. Wird dieses Projekt
gefördert – und also eine erfolgreiche Durchführung ermöglicht –, kann es
beispielgebend für andere Bibliotheken mit Spezialbeständen sowie deren
Aufarbeitung sein. Last but not least vielleicht sogar dazu anregen, neue
Wege im Hinblick auf den Einsatz neuer Medien und Technologien in Bibliotheken zu beschreiten.

3. Fazit

In diesem Sinne möchte ich ein Zitat[1] von Friedrich Seck wie folgt weiterfüh-
ren und somit meinen Vortrag beenden: *Nachlässe* sowie auch alle sonstigen
Arten von Spezialbeständen – denn nichts anderes ist letztendlich ein Nachlaß
– *von* und zu *Gelehrten, Künstlern und Schriftstellern gehören zu den interes-
santesten und wertvollsten Kulturgütern* unserer Zeit, die es gilt, mit den Möglichkeiten, welche uns die Informatik heute bietet, zu entdecken, zu bewahren
und zu erschließen, um so Informations- und Wissenspotential voll auszu-
schöpfen und nutzbar zu machen. Diese komplexe Aufgabe kann jedoch nur
gemeinsam, in enger Kooperation und vor allem durch gegenseitiges Zuhören
und Beraten optimal gelöst werden. Alleingang, das wußte schon Heinrich von
Kleist, als er im Februar 1801 an seine Schwester Ulrike verbittert über die
Wissenschaftler schrieb: „*...diese Menschen sitzen sämtlich wie die Raupe auf
einem Blatte, jeder glaubt seines sei das beste, und um den Baum bekümmern
sie sich nicht...*",[2] führt bei solch einem nie endenden Projekt zum vorzeitigen
Resignieren und Stagnieren, schließlich zum Aufgeben oder aber, um bei
Kleist zu bleiben, zum Welken der Blätter und schließlichen Absterben des
Baumes, weil der Blick auf das eigene Vorhaben, das eigene Blatt, zu begrenzt
war und das Wässern nur eines Blattes nicht ausreichte, um erfolgreich agie-
ren zu können und im ganzen zu überleben.

4. Literatur

Der Einsatz der Datenverarbeitung bei der Erschließung von Nachlässen und
Autographen. Bearb. von einer Arbeitsgruppe der DFG. Berlin: Dbi, 1991.

1 Seck, Friedrich: Die Erschließung von Nachlässen und Autographen mit EDV, S. 30.
2 Kleist, Heinrich von: Werke und Briefe in vier Bänden. Hrsg. von S. Streller in Zusammenarb. mit P. Goldammer und W. Barthel, A. Golz, R. Loch. Bd. 4: Briefe. 2. Aufl. Berlin, Weimar 1994, S. 193.

Kleist, Heinrich von: Werke und Briefe in vier Bänden. Hrsg. von S. Streller in Zusammenarb. mit P. Goldammer und W. Barthel, A. Golz, R. Loch. Bd. 4: Briefe. 2. Aufl. Berlin, Weimar 1994.
Kleist-Museum Frankfurt an der Oder. Eine Hinführung. Bearb. von W. Barthel u. R. Loch. Frankfurt/O.: Kleist-Museum, [1993].
Loch, Rudolf: Das Kleist-Literaturmuseum in seinem Öffentlichkeits- und Archivbezug. Manuskript, [1994].
Materialien der LARS-GmbH. 1993ff
Seck, Friedrich: Die Erschließung von Nachlässen und Autographen mit EDV. In: Bibliotheken in alten und neuen Hochschulen. 82. Deutscher Bibliothekartag in Bochum 1992. Hrsg. von H. Lohse. Frankfurt/M.: Klostermann, 1993, 30-35.

5. Abbildungen

Abb. 1: Objektbezogene Karteikarte zur Verzeichnung des Bestandes im Museum
Abb. 2: Eingangsbild des „LARS II Standard"-Programms:
1. Ebene: Anwendungen
2. Ebene: Datenbanken
Abb. 3: Übersicht über das im Kleist-Museum verwendete Datenbankprogramm sowie über in Zukunft anzuschaffende Komponenten der LARS-Produktpalette
Abb. 4: Im Aufbau befindliche Datenbanken zur Erfassung der Bestände des Kleist-Museums Frankfurt/Oder
Abb. 5: Beispiel von eingerichteten Feldern für die Datenbank „BIBLIO" und der Datenbank „HANDSCHR"
Abb. 6: Formal und inhaltlich erschlossenes Beispieldokument aus der Datenbank „BIBLIO" der Spezialbibliothek des Kleist-Museums Frankfurt/Oder
Abb. 7: Formal und inhaltlich erschlossenes Beispieldokument aus der Datenbank zum handschriftlichen wissenschaftlichen Material des Minde-Pouet-Nachlasses
Abb. 8: Auszug aus dem Multimedia-Projekt des Kleist-Museums Frankfurt/Oder

Prof. Dr. Hartwig Walberg:

Vielen Dank, Frau Weschke, für Ihren sehr komprimierten Vortrag, der uns jetzt auch völlig in der Zeit sein läßt. Sie haben schon übergeleitet zum Vortrag von Frau Dr. Weber, der uns nach der Pause erwartet, in dem es um die Perspektiven für Europa gehen wird hinsichtlich der schon vorhandenen Zentralkartei.

Wir haben uns im Laufe dieses Tages sehr zielstrebig von einem archivarischen Vortrag über einen dokumentarischen, dann wieder einen mehr archivischen, über die Kunstgeschichte und zuletzt einen bibliothekarischen Vortrag hinbewegt zu Bibliotheks- und bibliothekarischen Problemen. Frau Dr. Weber von der Staatsbibliothek zu Berlin – Preußischer Kulturbesitz wird vielen von Ihnen bekannt sein, nicht zuletzt durch ihre Tätigkeit in der Zentralkartei der Autographen und ihre Vorträge in dieser Richtung. Ich habe hier vom vorletzten Bibliothekartag in Göttingen Ihren Beitrag vorliegen. Ich denke, daß Sie jetzt sehr konsequent unser Thema fortführen werden und uns aus Brandenburg, aus Deutschland nach Europa führen werden.

Nachlaßerschließung: Perspektiven für Europa

JUTTA WEBER

Autographen und Nachlässe werden, sofern sie nicht Privatbesitz sind, in Bibliotheken, Archiven, Dokumentationsstellen und Museen verwahrt.

Historische und philologische Forschung, Sammler, Verleger, Künstler, Schriftsteller, Journalisten, kurz jeder, der auf irgendeine Weise historisch arbeitet, möchte Originaldokumente aus Nachlässen benutzen, er möchte wissen, wo sie liegen und möglichst bequem mit ihnen arbeiten. Auch Archivare, Dokumentare und Bibliothekare selbst benötigen für ihre Erschließungsvorhaben entsprechende umfangreiche übergreifende Recherchemöglichkeiten.

Für all diese Benutzer ist es dabei zunächst vollkommen unwichtig, in welcher Art von Einrichtung die für sie wichtigen Originaldokumente verwahrt werden. Von Bedeutung ist allein der möglichst ungehinderte Zugang zu jeder gewünschten Information. Je weiter wir im Ausbau des digitalen Informationsnetzes fortschreiten, desto unwichtiger werden die Abgrenzungen der einzelnen Informationsquellen und Informationsanbieter voneinander. Was zählt, ist die reine Information, unabhängig von ihrem Hintergrund und ihrem Ursprung.[1]

Verschiedenes interessiert den Forscher, der nach Manuskripten, Briefen und anderen schriftlichen Nachlaßmaterialien sucht:

a) Wer hat geschrieben? An wen?
b) Wo hat er/sie geschrieben?
c) Wann hat er/sie geschrieben?
d) Zu welchem Sachverhalt hat er/sie geschrieben?

Mit diesen Kernkategorien als kleinstem gemeinsamem Nenner hat man neue Möglichkeiten, die Ergebnisse bibliothekarischer, archivarischer und dokumentarischer Erschließung gemeinsam zu verbreiten, ohne daß jede einzelne Institution die Tradition der eigenen bewährten Erschließungspraxis aufgeben muß.

In den vor drei Monaten erschienenen „Regeln für die Erschließung von Nachlässen und Autographen – RNA" stehen die gerade genannten Katego-

---

1   Richard Hermans: Two professions, one future: archivists and librarians. In: IFLA-Journal 23 (1997), 18

rieninhalte als wichtigste im Mittelpunkt. Die Philosophie dieses Regelwerks ist die folgende:

Wenn für die genannten Beschreibungselemente institutionenübergreifende, überregionale Auffindbarkeit erreicht werden soll, muß auf Standardisierung dieser Kernkategorien geachtet werden. Entsprechen sie einer formalen und/oder inhaltlichen Norm, vermag nicht nur der denkende Mensch, sondern auch eine Maschine aus ihnen das gewünschte Ergebnis mit Sicherheit herauszusuchen. Vereinfacht ausgedrückt finden wir hier den Grundgedanken wieder, der die Diskussion um die Metadaten bestimmt. Metadaten sind letztlich nichts anderes als Kerndaten von Dokumentbeschreibungen, die für die Suche und das Auffinden von Bedeutung sind.

Welche Elemente neben den Kernkategorien zusätzlich der Beschreibung beigefügt werden, soll jede Institution, eventuell jeder Nachlaßbearbeiter, für sich entscheiden, hier ist Einheitlichkeit nicht mehr erforderlich. Ob nämlich ein Dokument ein Wasserzeichen hat, aus 7 oder 200 Seiten besteht, eigenhändig oder mit Maschine geschrieben wurde, mag für seine Bestimmung von großer Bedeutung sein, als Kriterium für die Auffindbarkeit spielt es letztlich keine oder eine untergeordnete Rolle.

Man hat es bei dieser Unterscheidung in Kernkategorien und erweiterte Beschreibungselemente also mit verschiedenen Ebenen der Beschreibung zu tun.

Auf dem Gebiet der Nachlaß- und Autographenkatalogisierung ist man auch unter einem anderen Aspekt seit langem daran gewöhnt, verschiedene Stufen der Informationsübermittlung zu bedienen. Anders als bei der normalen Katalogisierung von Büchern werden Nachlässe nämlich seit jeher dem aktuellen Bedarf entsprechend kursorischer oder intensiver beschrieben.

Drei Ebenen sind zu unterscheiden:

Die erste Ebene ist die des pauschalen Hinweises auf Nachlaßbestände: Die gedruckten Nachlaßverzeichnisse verschiedener Länder, Österreichs, der Schweiz, Deutschlands sowie einzelner Institutionen, z.B. des Deutschen Literaturarchivs, entsprechen dem Wunsch nach einfacher, übersichtlicher Orientierung.

Die zweite Ebene führt zu einzelnen Dokumenten: „The aim is to give users enough information to assess the relative importance of the holdings in various places of the papers of any author, but not to present full physical descriptions, bibliographical histories or other annotations."[1]

Dieser zweiten Informationsebene zu genügen, die in Großbritannien über das genannte gedruckte Verzeichnis zugänglich ist, in den Niederlanden über

---

1   David C. Sutton: Location register of twentieth-century English literary manuscripts and letters. Vol. I. London 1988, VIII

ein zentrales Briefregister, ist in Deutschland 1966 die Zentralkartei der Autographen eingerichtet worden.

In einem groß angelegten Retrokonversionsprojekt wird diese Zentralkartei innerhalb der nächsten Jahre in eine Datenbank verwandelt werden, deren Ziel ein maschinenlesbarer Gesamtüberblick über die in Deutschland vorhandenen Autographenbestände ist, soweit sie bisher Bestandteil der Zentralkartei waren.

Eine Voraussetzung für das Projekt ist die Erfassung aller Personennamen der Zentralkartei, die 177 000 Namen umfassende Datei ist vorige Woche in die Personennamendatei in Der Deutschen Bibliothek in Frankfurt überspielt worden. Durch die Weiternutzung dieser Personenstammsätze als Normdatensätze auch bei Erschließung von Nachlässen und Autographen kann nun eine hoffentlich große Homogenität bei der Behandlung der Personennamen herbeigeführt werden.

Die Staatsbibliothek zu Berlin wird als zweiten Schritt in Verbindung mit dem Deutschen Bibliotheksinstitut diese Personennamendatei, angereichert durch Bibliothekssigel als Standortangaben zu Autographen, als Deutschen Index zu Autographen und NAchlässen „DIANA" der Benutzung öffnen.

In vielen Institutionen Deutschlands und den meisten in Europa setzt der Zugang zu den Dokumenten jedoch erst auf der nun folgenden, dritten Ebene ein: In der Einrichtung selbst werden alle Daten, die ein Dokument bis in seine innersten Strukturen beschreiben können, entweder in Zettelkatalogen, Repertorien, Bandkatalogen, Findbüchern und/oder Listen verwaltet, der Forscher kann diese in entsprechenden Lesesälen benutzen und über ihre mehr oder weniger ausführlichen Beschreibungen das oder die gesuchten Dokumente bestellen und schließlich einsehen. Voraussetzung ist, daß ihm der Aufbewahrungsort bekannt ist, sei es wegen dessen weltweiter allgemeiner Berühmtheit oder wegen der Spezialausrichtung auf eine einzelne Person von möglicherweise internationalem Ruf, sei es, daß ein überregionales Verzeichnis ihn darauf hinweist, oder sei es, weil er unter einem Stichwort zufällig im Internet genannt wird. Eine wichtige Voraussetzung ist auch die gute Bekanntschaft mit der Struktur der Kultureinrichtungen einzelner Länder. Nur dann kann man sicher sein, den richtigen Ort für die Forschung aufgesucht zu haben. Bestände, die in Zettelkatalogen, Bandkatalogen und institutsinternen Datenbanken nachgewiesen werden, erreichen einen breiten Kreis möglicher Benutzer kaum und mehr oder weniger zufällig.

Ein Zugang zu ihren Kerninformationen, so wie sie in der oben vorgeführten zweiten Erschließungsebene gegeben werden, fehlt zu einem großen Teil nicht nur auf internationaler Ebene. Gedruckte Verzeichnisse der dritten Erschließungstiefe sind von internationaler, allgemeiner Zugänglichkeit in der Regel völlig ausgeschlossen.

Die Technik kann nun neue Wege eröffnen, Informationen auch über Nachlässe und Autographen, deren Standorte bisher nur unter den gerade genannten Bedingungen zugänglich waren, anders als bisher, schneller und besser zu verbreiten und dabei Dienstleistungen anzubieten, die die Gewohnheiten aller beteiligten Personen grundlegend verändern werden.

Da es bei den neuen Kommunikationswegen nicht mehr sehr sinnvoll ist, neue Dienstleistungen ausschließlich lokal oder regional zu entwickeln, eine in überregionaler oder internationaler Zusammenarbeit entstandene technische Neuerung außerdem preisgünstiger und wegen der weitergreifenden Ergebnisse auch effektiver zu sein scheint, hat die Staatsbibliothek zusammen mit verschiedenen Partnern in Europa innerhalb des Programms TELEMATICS for Libraries einen Antrag bei der Europäischen Kommission gestellt, dessen Inhalt und Ziel im folgenden umrissen werden soll.

Nachlässe und Autographen bilden einen wichtigen Bestandteil dessen, was heute unter dem Schlagwort „cultural heritage of Europe" zusammengefaßt wird. Sie sind in der Tat Zeugnisse der eng verflochtenen gemeinsamen Geschichte Europas, Dokumente eines beständigen Kontakts auf allen denkbaren Ebenen. Diese Kontakte durch eine virtuelle Zusammenführung der Bestandsnachweise wiederherzustellen, tritt MALVINE an. MALVINE: Manuscripts and Letters via Integrated Networks in Europe, wird also ein Verbund auf der Basis verteilter Datenhaltung sein mit gemeinsam vorbereitetem einheitlichem Zugang über eine WWW-orientierte Benutzungsoberfläche.

In einem europäischen Konsortium, dem auch England, Spanien, Norwegen, Dänemark, Portugal, Österreich, Frankreich und die Schweiz angehören, wurde MALVINE gemeinsam erarbeitet und bei der Europäischen Kommission eingereicht. Daß die Bewilligung dieses Projektes für zwei Jahre Gelder zum Aufbau des gemeinsamen Nachweises bringen wird, muß als besondere Chance angesehen werden, die Verständigung in unserem Bereich nicht nur international sondern auch institutionenübergreifend endlich zu beginnen: Dem Konsortium gehören neben Archiven, Bibliotheken und Museen auch Dokumentationsstellen sowie Forschungsinstitutionen an, dabei auch Institutionen mit mehrfacher Ausrichtung.

Um ein Modell für verteilte digitale Bestandsnachweise und auch Bestände im Autographen- und Nachlaßbereich zu schaffen, das auch noch übermorgen unserem Bedarf und dem unserer Benutzer entspricht, wurde im Projektantrag besonderes Gewicht darauf gelegt, vor die Erarbeitung der technischen Lösung genug Vorlauf zur Gewinnung einer gemeinsamen inhaltlichen Grundlage zu stellen.

Die Umsetzung des Projektergebnisses soll in allen Institutionen möglich sein, die Autographen und Nachlässe verwahren, seien es Archive, Bibliotheken, Museen oder Dokumentationsstellen. Auch nationale Zentralnachweise werden integriert sein, besonderes Mitspracherecht innerhalb des Projektes haben die Benutzer. So steht am Beginn die Analyse der Benutzerwünsche, die Auswertung des aktuellen Datenangebots, die Definition des Inhalts des künftigen gemeinsamen Datenangebots und der erforderlichen Dienstleistungen. Dazu kommt die Bewertung der Erfordernisse, die sich aus der Nutzung der einzelnen, durchaus sehr heterogenen Datenspeicherungssysteme ergeben. Der Inhalt der künftigen Dienstleistungen wird im Rahmen eines verbesserten Bestandsnachweises ebenso erwartet, wie in der Bereitstellung digitaler Abbilder der Originaldokumente. Katalogisierungsstandards (einschließlich terminologischer Fragen), rechtliche Festlegungen (einschließlich des Daten- und Persönlichkeitsschutzes) und Fragen der Gebührenregelungen werden zu klären sein. Praktischerweise stehen wir mit all diesen Fragen nicht allein, es gibt eine größere Anzahl von Bibliotheksprojekten, die sich seit längerem damit beschäftigen. Ihre Erfahrungen sollen, soweit möglich, in das Projekt eingegliedert werden. Auch dies ist ein guter Effekt internationaler Kooperation. Die zweite Projektphase beginnt dann mit der Umsetzung einzelner technischer Details in einer Testumgebung, die eine modellhafte Entwicklung von MALVINE aufnehmen soll. Das Ergebnis wird in der dritten, der Vorführphase gezeigt:

MALVINE wird eine fachspezifische Suchmaschine sein, die über standardisierte Suchmechanismen den Inhalt heterogener, über Europa verteilter Autographendatenbanken der unterschiedlichsten Institutionen virtuell miteinander in Verbindung bringt. So jedenfalls soll es sich dem Benutzer darstellen: Der Inhalt der Datenbanken wird unter einer einheitlichen Benutzeroberfläche dargestellt werden, so daß für den Forscher der Eindruck eines homogenen Datenangebots entsteht. Mit der systemunabhängigen Schnittstelle Z39.50, die die Funktionen Search und Retrieve, also Suche und Finden, bzw. Auswahl, bedient, wird die Vielfalt aller angebotenen Informationsquellen zugänglich. Es entsteht so ein neutrales Nachweisangebot, das Suchanfragen direkt an die besitzenden Institutionen weiterleiten wird. Zur verbesserten Nutzungsbedingung wird mehrsprachige Bedienung und Suchmöglichkeit angeboten werden, vorgesehen ist die Entwicklung einer fachspezifischen Thesaurusstruktur.

MALVINE bewegt sich durchaus in einem Bereich, der aus den Diskussionen über zukünftige Verbundkatalogisierung, speziell hier im Berlin-Brandenburger Raum, bekannt sein dürfte.

MALVINE hat aber obendrein einige wesentliche Aspekte, die über die bibliotheksspezifische Kommunikation bei verteilter Datenhaltung hinausgehen:

1. MALVINE sucht sich ihre Informationen aus bibliothekarisch, archivarisch und dokumentarisch durchdachten Dateien.
2. MALVINE berücksichtigt auch die Integration von Informationen aus Dateien, die mit Hilfe von einfachen Textverarbeitungsprogrammen erstellt wurden. Hier sollen Erfahrungen aus dem Bereich der Textcodierung z.B. auch Zugang zu gescannten gedruckten Nachlaßrepertorien ebnen helfen.
3. MALVINE wird neben der Funktion als Nachweisinstrument auch eine Komponente anbieten, die mit dem Begriff „scanning on demand" umschrieben wird. Dem Benutzer steht damit die Bestellung eines Abbildes des Originaldokumentes auch als digitales Bild offen.
4. MALVINE ist für jeden auf seinem eigenen PC von zuhause aus als WWW-Angebot zugänglich. Jedem Benutzer bietet die MALVINE-Oberfläche die direkte Kommunikation mit den teilnehmenden Institutionen an, und damit verläßt dieses Angebot endgültig den einengenden Rahmen eines archivarisch-bibliothekarisch-dokumentarischen Fachspezialistentums.
5. Die Zahl der an MALVINE in Zukunft beteiligten Institutionen ist unbegrenzt.

Die rechtlichen Konsequenzen, die sich aus all diesen zu untersuchenden Aspekten ergeben können, werden Projektinhalt sein. Auch hier ist europäische Kooperation sicher ein Gewinn an Erfahrung. Die nationale Umsetzung des internationalen Projektes wird zusammen mit der DFG vorbereitet.

Wichtig war und ist der Konsens, der innerhalb der Vorbereitungsphase für dieses Projekt zu den angesprochenen Problemen in den genannten Partnerländern bestand: Manches, was in Deutschland als großes Problem angesehen wird, ist in anderen Ländern längst nicht so wesentlich, anderes ist dort wiederum viel komplizierter als bei uns. Dennoch ist man in solchen Arbeitsgruppen um des gemeinsamen Projektes willen eher zu Zugeständnissen bereit, als dies ohne ein konkretes Ziel möglich wäre. Folgenden Beitrag kann Deutschland zu diesem Projekt leisten:

Da sind zum einen die archivarischen Traditionen, wie sie auch in den Literaturarchiven in Weimar und Marbach gepflegt werden. Gleichzeitig stehen diese Institutionen in engem Kontakt zu Editionsprojekten. Die bibliothekarischen Gepflogenheiten sind Grundlage der Erschließung in den Handschriftenabteilungen der großen Universalbibliotheken. Museen und Dokumentationsstellen tragen zur vertieften Erforschung der Materialien gerade im Bereich der Systematisierung viel bei. Wegen des Partikularismus deutscher Kulturhoheiten ist das Nebeneinander aller institutioneller Besonderheiten im internationalen Vergleich vielleicht besonders interessant, Traditionen sind ganz besonders ausgeprägt.

Deutschland besitzt aber mit seinen verschiedenen Ausbildungsstätten zum bibliothekarischen, archivarischen und zum dokumentarischen Beruf wunderbare Voraussetzungen dafür, jüngeren Generationen die eigene Berufswelt so offen für Neues und so engagiert für sinnvolle Verbesserungen vorzustellen, wie es später die Arbeitsstätten nie wieder anbieten können. Ein Fachbereich wie dieser hier in Potsdam kann unendlich viel zur Verständigung zwischen den Disziplinen beitragen, indem er alle Traditionen verständlich macht. Wenn man begreift, warum eine Aufgabe auf zwei verschiedene Arten gelöst werden kann, und sieht, daß beide Ergebnisse eigentlich nicht so sehr voneinander verschieden sind, dann hat man auch etwas ganz anderes gelernt, nämlich daß man fast immer vom Kennenlernen anderer Methoden als der eigenen profitieren kann. Und sei es auch, um sich auch des eigenen Weges zu versichern.

In unserer Zeit ergeben sich zu viele Möglichkeiten, gleiche Ideen gemeinsam umzusetzen, als daß man sie wie bisher nur auf lokaler und bestenfalls nationaler Ebene lösen sollte. Das Verstehen der Interessen anderer Länder, der Dialog mit unseren Benutzern, und die gegenseitige Bereicherung im Austausch mit diesen ist eine Erfahrung, die mit MALVINE in Europa und in den einzelnen Ländern erprobt werden kann.

Die Gesamtschau auf Autographenbestände, die durch MALVINE eines Tages weltweit zur Benutzung offensteht, wird mehr Wissen zu den Dokumenten des alten Europa verbreiten, als dies jemals vorher möglich war. Sie wird auch die Autographenbestände in Deutschland zusammen sichtbar machen, unabhängig von institutsinternen Besonderheiten bei der Erschließung.

Abschlußdiskussion

Prof. Dr. Hartwig Walberg:
Vielen Dank, Frau Dr. Weber, für Ihren Vortrag, der uns jetzt automatisch eine ganze Reihe von Fragen stellen läßt. Er war recht gut am Ende dieser Veranstaltung plaziert, weil er gleichzeitig einen Ausblick eröffnet hat auf das, was möglich und nötig ist. Und wir dürfen wohl alle gespannt sein, was dabei herauskommt. Ich glaube, es gibt im Augenblick eine Vielzahl von Aktivitäten in dieser Richtung. Wir hatten vor wenigen Monaten hier im Hause eine Tagung des InetBib-Arbeitskreises, von Herrn Prof. Hobohm initiiert, in Zusammenarbeit zwischen dieser Hochschule und Dortmund, die zweite Tagung, die sich eben gerade hauptsächlich mit den Internet-Schnittstellen aus den OPACs der Bibliotheken befaßt hat. Ihr Referat stand also sehr gut am Ende unserer Vortragsreihe.

Und wir haben jetzt alle Vortragenden hier am Tisch versammelt. Es gibt zunächst die Möglichkeit, Fragen zu den einzelnen Vorträgen zu stellen. Ich würde also einfach einmal, ohne zunächst zu strukturieren, jetzt die Diskussion damit eröffnen wollen. Gibt es von Ihrer Seite aus zu einzelnen Vorträgen dieses Tages Fragen oder Anregungen?

Wir haben ein Saalmikrofon, das dann zu Ihnen gebracht wird, so daß wir Sie alle verstehen können. Die Diskussion ist eröffnet. Seien Sie so freundlich und sagen Sie ganz kurz Ihren Namen und die Institution, von der Sie kommen.

Dr. Eberhard Illner:
Ich habe eine Frage zum Referat von Frau Weber. Es war sehr eindrucksvoll in bezug auf die Benutzerseite. Bei Nachlässen ist allerdings auch die andere Seite zu betrachten, sozusagen der Registraturbildner, der in vielen Fällen natürlich gestorben ist. Aber wenn man sinnvolle Nachlaßpolitik betreibt, betreibt man eigentlich Vorlaßpolitik, dann hat man im Grunde den Lebenden noch vor Augen und bemüht sich darum, einen entsprechenden späteren Nachlaß zu erwerben. Damit stellt sich natürlich ganz manifest die Frage nach dem Daten- und Persönlichkeitsschutz, die Sie nur in einem Halbsatz angesprochen haben. Das ist ein sehr großes Problem, auf das ich keine Antwort erfahren habe, was zum Beispiel konkret die Durchsetzung dieses Bereiches in MAL-VINE anbetrifft. Sie sagen: Scanning on demand. Wenn ich etwa – jetzt gerade in Verhandlungen mit einem Dramaturgen stehend – diesem sagen

108

würde: Ihren Entwurf können Sie nächstes Jahr im Internet sehen, er wird dort von irgendwelchen amerikanischen Forschern abgerufen, ist diese Verhandlung sofort beendet. So komme ich sicher nicht an den Nachlaß. Wie ist auf der einen Seite das Persönlichkeitsschutzrecht oder auch das berechtigte Interesse – ich will noch gar nicht auf das Urheberrecht eingehen – zu sichern und auf der anderen Seite Ihr Projekt durchzuführen?

Dr. Jutta Weber:
Wenn man nur dieses Problem bedenkt, kann man eigentlich überhaupt nichts digitalisieren und nichts über Datenbanken zugänglich machen. Wir haben es aber in unserem Bereich mit sehr viel Material zu tun, das nicht in diesen Zeitrahmen fällt. Und wir müssen bei MALVINE ausprobieren, wie weit man mit dem Material, auf dem keine Rechtsbestimmungen liegen, diese technische Umsetzung machen kann. Ich glaube nicht, daß sich rechtlich gerade in bezug auf Nachlaßmaterialien durch unser Projekt etwas ändern wird. Unser Projekt ist an das gebunden, was in den einzelnen Ländern als Persönlichkeits- oder Urheberrecht gilt. Ich glaube aber, daß das kein wesentlicher Einwand gegen das Projekt ist, weil es einfach zuviel Material gibt, das mit diesen Bestimmungen gar nicht in Konflikt kommen wird. Es geht eben nicht nur um zeitgenössische Nachlässe. Und weil Sie das Scanning on demand ansprechen: Wir haben auch heute in den Handschriftenabteilungen und Archiven Bestände, die in gewissem Rahmen einfach gesperrt sind, die nicht zugänglich sind. Das wird natürlich so bleiben müssen, sonst kommen wir in Teufels Küche und bekommen keine Nachlässe mehr.

Prof. Dr. Botho Brachmann:
Frau Dr. Weber, Sie sagten zu Recht: Inhalt vor Technik, der Inhalt ist der Ansatz, es wird also kein Technik-Fetischismus betrieben. Dann führten Sie aber an einer Stelle die Analyse der Benutzerwünsche an. Was verstehen Sie darunter? Sie können ja schlecht zukünftige Benutzerwünsche schon antizipieren. Damit ist natürlich die Analyse eine etwas rückwärts gewandte und nicht nach vorne offen. Es würde mich interessieren, was Sie dazu sagen.

Dr. Jutta Weber:
Die Idee ist ganz einfach die, daß wir in die Vorbereitung des Projektes wirklich Benutzer mit einbeziehen und diese dann in Gesprächen mit uns vor Ort sagen können, was ihnen bisher in Bibliotheken und Archiven gut und weni-

109

ger gut gefallen hat und welche Wünsche sie für unsere weitere Arbeit haben. Das ist bisher in Projekten, die die technische Umsetzung von Bibliothekslösungen vorgesehen haben, meines Wissens nicht gemacht worden. Und das ist gerade in unserem Bereich ganz besonders wichtig, da wir meistens Benutzer ja nicht mit anonymem Material bedienen, wie Bücher es zum Beispiel sind, sondern mit sehr persönlichem Material. Natürlich können nur die Benutzerwünsche einfließen, die heute aktuell sind. Aber sie können sich an dem orientieren, was zur Zeit angeboten wird und was sich ein Benutzer vorstellt, was er in Zukunft gerne haben möchte. Dazu gehört zum Beispiel die Möglichkeit, Nachlaßbestände mehr sacherschlossen angeboten zu bekommen und nicht nur formal erschlossen, was bisher auch die Politik der DFG gewesen ist. Benutzer möchten das eigentlich immer gerne anders haben. Das wird sich nicht von heute auf morgen ändern lassen, aber es ist auch ein Bestandteil dieses Projektes. Und wenn man das international behandelt, hat es vielleicht einen anderen Stellenwert.

Prof. Dr. Volker Schockenhoff:
Wir müssen einmal versuchen, die Dinge hier etwas zusammenzubringen. Ich habe bei MALVINE nicht ganz verstanden, wie sich die Verknüpfung von MALVINE zu den einzelnen Institutionen vollzieht. Um ein Beispiel zu nennen: Wie geschieht die Verknüpfung bei Ihnen zu dem, was Frau Ulrich und Frau Weckel aus dem Fraenger-Archiv uns hier erzählt haben?

Dr. Jutta Weber:
Man könnte ein ganz einfaches Bild verwenden: MALVINE baut eine Suchmaschine und diese Suchmaschine spricht auf bestimmte Daten in bestimmten Datenbanken einfach an. Die Datenbanken aus dem Bereich der Nachlaßerschließung unterliegen dem direkten Zugriff dieser Suchmaschine. Sie wird dadurch eine Suchmaschine, die fachlich auf einer einheitlichen Grundlage basiert, die durch die verschiedenen teilnehmenden Institutionen bedient wird.

Prof. Dr. Volker Schockenhoff:
Das Problem ist ja das Problem von Normierungen. Inwiefern muß Normierung vorhanden sein, damit Ihre Suchmaschine überhaupt arbeiten kann? Das zweite ist: kann ich mich als Institution dagegen wehren, von MALVINE durchsucht zu werden oder nicht?

110

Dr. Jutta Weber:
Sie können sich sicher eher dagegen wehren, von MALVINE durchsucht zu werden, als vom Internet durchsucht zu werden. Vom Internet werden Sie auf jeden Fall durchsucht, wenn Sie Ihre Daten anbieten. Bezüglich MALVINE müssen Sie es wollen.

Aus diesem Grund hatte ich am Anfang auch noch so deutlich auf das Regelwerk hingewiesen. Wir brauchen einfach in den Begriffen, die eindeutig suchbar sein sollen, Normierung. Zum Beispiel bei Namen, bei Orten, Daten, bei Sachverhalten. Bei Sachverhalten wird es sehr kompliziert. Aber bei den drei Erstgenannten gibt es eine gewisse Tendenz zur Normierung, so würde ich es nennen.

Dr. Harriet Harnisch:
Mich interessiert, ob auch an die Einbeziehung der staatlichen Archive in dieses Projekt gedacht ist? Denn in diesen Archiven liegen doch auch Nachlässe und Bruchstücke von Nachlässen, Autographen in den verschiedensten Beständen. Wie soll so etwas einmal vor sich gehen oder sollen wir uns lieber davor hüten oder sollten wir uns doch dafür interessieren und einbeziehen lassen oder mitwirken?

Dr. Jutta Weber:
Ich hoffe sehr stark, daß Sie sich einbeziehen lassen. Ich denke, jede Institution sollte das dann für sich entscheiden. Und ich hoffe, daß alle freudestrahlend auf MALVINE zukommen werden und ihre Daten auch darüber anbieten wollen, damit die Welt endlich weiß, welche wunderbaren Schätze sie haben. Von der Struktur her soll es eben alle diese Bereiche bedienen können.

Dr. Harriet Harnisch:
Das würde voraussetzen, daß man einen Internet-Anschluß hat und sich dann auf dieser Ebene überhaupt bewegen kann?

Dr. Jutta Weber:
Das ist eine Voraussetzung, wobei wir in Deutschland diese Frage des Internet-Anschlusses versuchsweise noch ein wenig anders lösen wollen, indem man den Institutionen, die auf gar keinen Fall einen Internet-Anschluß haben wollen, die Möglichkeit gibt, ihre Daten an die Zentralkartei der Autographen

zu liefern und wir über die Zentralkartei der Autographen dann diesen Internet-Anschluß anbieten. Aber das ist nur eine Notlösung. Man muß das alles auch in einem ziemlich weiten Zeitraum sehen, es passiert nicht heute oder morgen.

Peter Borchardt M.A.:
Im bibliothekarischen Bereich gibt es ja im Ansatz auf deutscher Ebene etwas, das ich gerade gestern in Bielefeld bewundern durfte, genannt Bieblis. Dort ist unter einer www-Oberfläche der Zugriff zu völlig verschiedenen Datenbanken realisiert worden, die zum Teil in England sind, zum Teil ist das eigene CD-ROM-Netz eingebunden, der eigene OPAC, die Angebote von Elsevier und Springer sind mit eingebunden usw. Das wäre ja im Prinzip eine solche Technik, die natürlich nur funktioniert mit bestimmten Normierungen. Es muß klar sein, daß bestimmte Felder besetzt sind, die ein Minimum darstellen. Und das war ja auch in Ihrem Papier enthalten.

Ich sehe ein ganz anderes Problem. Es ist ja so, daß Nachlässe eben nicht nur aus Briefen bestehen, sondern daß manche einfach keinen Zettel wegwerfen konnten, so daß sich die armen Leute, die hinterher mit den Nachlässen zu tun haben, wirklich mit diesen Dingen herumquälen. Was auch immer man sich an Material vorstellen kann, ist vorhanden. Wie will man das in eine einheitliche Beschreibung bringen oder sind es bei MALVINE nur Autographen? Ist dann auch weiter gedacht überhaupt an den Nachweis und die Vermittlung von Nachlässen oder bezieht es sich nur auf Autographen?

Dr. Jutta Weber:
Ich habe von den Kernkategorien gesprochen. Ich sagte, man soll Personen, Daten, Orte, möglicherweise Schlagworte suchen können. Wir werden über diese Schlagworte auf die einzelnen Institutionen zuführen. Was die Institutionen dann zu den Schlagworten bei sich verwalten, bleibt ihnen überlassen. Es kann sein, daß es nur ein ganz pauschal dargestellter Name eines Nachlassers ist, es kann aber auch sein, daß es das letzte Zettelchen aus einem Nachlaß ist. Das ist jeder Institution selbst überlassen.

Peter Borchardt M.A.:
Dann sehe ich natürlich schon das Problem, daß die bekannten Kategorien der Katalogisierung – und von Katalogisat spricht ja auch keiner mehr, man sagt ja nur noch Metadaten – nicht ausreichen. Gibt es da schon irgendwie etwas?

112

Wird Dublin Core dann das Credo der Bibliothekare, Dokumentare und Archivare sein? Wird die regellose Zeit anbrechen? Gibt es diesbezüglich schon Überlegungen, gerade bei der Vorbereitung eines solchen Projektes?

Dr. Jutta Weber:

Dieses Warwick Metadata Framework ist ausgerichtet auf bibliographische Daten zu Büchern. Sie sind nicht hundertprozentig kompatibel mit dem, was wir an Beschreibungskriterien brauchen. Im Grunde müssen wir für diesen Bereich aufbauend darauf etwas entwickeln, was international die Erfahrungen der einzelnen Regelwerke zusammenfaßt. Nichts anderes ist das beim Dublin Core auch. Eine Person ist unter allen möglichen Namen, die sie je gehabt hat, findbar, egal, wie der Name transkribiert ist. Wenn wir das schaffen, und zwar in den wichtigen Bereichen, kann man auf die Bestände, in welchem Land der Welt sie auch liegen, zugreifen.

Dr. Friedrich Seck:

Ich würde gerne noch einmal, Frau Weber, auf den vorigen Punkt zurückkommen. Sie sprachen von der Zentralkartei als Notlösung. Warum eigentlich? Wenn Sie die Zentralkartei vollständig konvertieren, wenn außerdem noch zusätzliche Meldungen dahin geliefert werden, ist es doch eigentlich ganz unnötig, daß die Institutionen und ihre Bestände, die sie an Sie geliefert haben, noch von sich aus anbieten. Das wäre doch entweder eine Duplizierung oder Sie müßten sie wieder ausblenden bei sich. Die einzelnen Institutionen müßten sich selber um die Z 39.50-Schnittstelle kümmern, wozu sie nicht alle gleich in der Lage sind usw. Ich sehe da nur zusätzliche Schwierigkeiten.

Dr. Jutta Weber:

Ich kann es auch nur eine Notlösung nennen, insofern es tatsächlich Bestrebungen von den Institutionen gibt, ihre Bestände nur noch bei sich selbst darzustellen. Wir dürfen es natürlich auch nicht so auf Deutschland begrenzt sehen. In anderen Ländern gibt es so etwas wie die Zentralkartei überhaupt nicht. Dort wird jede Institution ihre Daten für sich anbieten wollen. Da wir in Deutschland die Zentralkartei haben und mit der Konversion der Zentralkartei den Institutionen die Konversion ihrer Daten abgenommen wird, haben wir dort eine andere Voraussetzung. Und die Daten der alten Zentralkartei, das sagte ich, werden Bestandteil des MALVINE-Projektes sein. Insofern bleibt die Zentralkartei erhalten, das mag sich aber in der Zukunft möglicherweise ändern.

Prof. Dr. Gerhard Schmid:

Unbeschadet des offensichtlich großen Reizes von MALVINE vielleicht einmal etwas zu einem anderen Thema: Ich möchte auf den Anfang zurückgehen und auf die Feststellung von Herrn Kahl zurückkommen, daß wir uns im Archiv – das würde ich genauso auf die Bibliotheken beziehen – bei der Bearbeitung von Nachlässen auf die Grundaufgaben der Bewahrung und Erschließung zu konzentrieren haben. Nun ist natürlich die Frage, was gehört zur Erschließung dazu? Dabei kommen wir doch wieder in den Themenbereich MALVINE und haben dann zunächst die Kernkategorien. Und ich würde dem sehr zustimmen wollen, was Frau Weber in diesem Zusammenhang festgestellt hat hinsichtlich der Möglichkeiten, die dann das einzelne Institut für weitergehende Erschließung hat.

Aber meine Frage ist jetzt, wie weit reicht eine noch so intensive Erschließung und wo fängt dann das an, was man schon eine wissenschaftliche Aufarbeitung nennen muß? In dem Zusammenhang interessiert mich das Gesamtprojekt des Wilhelm Fraenger-Archivs. Vielleicht habe ich es nicht ganz richtig aufgenommen – ich habe doch den Eindruck, daß wir hier eigentlich keine Erschließung mehr haben, sondern daß es sich bei dem, was hier vorgesehen ist, tatsächlich um eine wissenschaftliche Aufarbeitung etwa im Sinne dessen handelt, was bei einer literarisch tätigen Person die Edition ihrer Werke ist. Zwischen diesen beiden Dingen möchte ich doch unterscheiden, zwischen dem, was im Archiv oder der Bibliothek zur Erschließung selbst im weitesten Sinne gemacht werden kann und was eine wissenschaftliche Edition eines solchen Bestandes dann machen kann. In diesem Zusammenhang sieht man natürlich – das als kleine Nebenbemerkung – wieder die Problematik der Einzelpersonen-Institutionen, die in der Lage sind, sehr intensive Arbeiten zu machen, während in den großen Bibliotheken und Archiven reihenweise die Nachlässe noch völlig unbearbeitet liegen.

Petra Weckel:

Für das Wilhelm Fraenger-Archiv kann ich nur sagen: Das Projekt, das ich vorgestellt habe mit der Datenbank, war nur ein Versuch, der inzwischen auch abgeschlossen ist und gar nicht weitergeführt wird. Dabei war prinzipiell vom Anspruch her vorgesehen, es möglichst tief zu erschließen, was natürlich dann in eine wissenschaftliche Ausarbeitung führt. Inwieweit das Fraenger-Archiv und die einzelnen Bestände nun konkret erschlossen werden, hängt auch sicherlich noch davon ab, welche Mittel uns zur Verfügung stehen. Mein persönliches Interesse, ich schreibe ja eine Doktorarbeit über Fraenger, zielt schon auf eine möglichst tiefe Erschließung. Denn ich finde, die Dokumente gewinnen erheblich an Wert, je tiefer sie erschlossen werden. Und letztendlich ist der Hauptzweck eines solchen Nachlasses, ein so kleines Archiv vor allem für wissenschaftliche Bearbeitung zu nutzen.

Volker Kahl:
Wir haben in verschiedenen Nachlässen und Beständen, z.B. bei Arnold Zweig, genau mit diesem Anspruch begonnen, die Korrespondenz sehr genau, sehr tief zu erschließen. An den Sachschlagworten sind wir recht schnell gescheitert, weil schon drei Bearbeiter einen jeweils anderen Sachbetreff gefunden haben und der Benutzer dann sagt: Die drei ausgeworfenen Schlagworte sind völliger Unsinn, ein viertes sei viel treffender. So haben wir uns böse Erfahrungen eingehandelt und sind schnell davon abgekommen. Wir haben bei der Bearbeitung des Briefbestandes, der Tausende von Briefen umfaßt, eine zunehmend abstufende Intensität hinnehmen müssen, sonst hätten wir zehn bis fünfzehn Jahre daran gearbeitet. Es wurde also im Grunde von einem hohen Anspruch der Tiefenerschließung, einer sehr weitgehenden Sacherschließung, immer weiter zurückgegangen, um überhaupt dieses Volumen in den Griff zu bekommen. Und das meinte ich auch heute vormittag mit der Konzentration auf die Kernaufgabe. Die Archive sind nicht so ausgestattet, daß sie sozusagen editorische Vorhöfe sein können, jedenfalls nicht das normale Archiv. Es wird also, so schmerzlich das im einzelnen ist, immer eine Ebene bleiben, die noch zu unterschreiten ist. Und die Praxis, jedenfalls in unserem Hause, zeigt, daß es wenig Sinn hat, mit sehr großen Ansprüchen heranzugehen, um dann auf dem Wege festzustellen, daß wir scheitern und nicht zum Ende kommen. Die Folge ist nämlich, daß wir auf einem machbaren Level neu beginnen müssen. Es ist immer besser, zuerst einmal ein vernünftiges Verhältnis von Aufwand und Nutzen herzustellen. Es ist völlig klar, daß damit Informationsverluste für den Nutzer verbunden sind, die Recherche wird aufwendiger. Aber wir müssen immer diese beiden Aspekte mitbedenken, ein Nachlaß, ein Bestand, der über Jahre unerschlossen liegt oder nicht zugänglich ist, weil die Verzeichnung nicht vorankommt, kann der Forschung keinen Nutzen bringen. Das ist eine Schere, in der wir immer stehen. Ich warne aus den Erfahrungen heraus, die wir gemacht haben, vor dem Bild, daß nun mit der elektronischen Datenverarbeitung, mit der EDV-gestützten Verzeichnung, plötzlich alle Probleme gelöst sind, es alles ganz schnell geht, eine wunderbare Datenbank vorhanden ist, mit der alles funktioniert, jede Recherche in Windeseile erledigt werden kann.

Von den rechtlichen Problemen, die ein online-Zugang auf die im Archiv gespeicherten Daten mit sich bringt, will ich hier gar nicht reden.

Dr. Irmtraud Schmid:
Ich möchte meine volle Zustimmung für meine Vorredner hier zum Ausdruck bringen. Bei aller Aufgeschlossenheit gerade für die digitalen Medien und Wege, zu denen ich mich sehr bekennen möchte, muß ich hervorheben, was mir heute wirklich ganz dunkel und undeutlich geblieben ist, das, was Herr Kahl umschrieben hat mit organischem Wachstum eines nachgelassenen Bestandes bzw. das, was Frau Weber umschrieben hat als der Ursprung, der Hintergrund und das Umfeld eines Dokumentes. Ich kann die hervorragendsten Metadaten und entsprechenden Umfelddaten bekommen und habe den Zugang und kann darüber natürlich glücklich sein. Aber das sagt mir niemals etwas aus über die Tatsache, und das kann sehr wichtig werden, ob ein Dokument neben einem anderen liegt und vom Ursprung an dort gelegen hat. Die Archivare sprechen von einem Überlieferungszusammenhang, wenn er denn gewahrt worden ist, das ist leider bei Nachlässen sehr oft nicht der Fall. In einer Diskussion, die so ungeheuer stark beherrscht wird vom Optimismus gegenüber den digitalen Medien, frage ich: Wie kann man den Zusammenhang des organischen Wachstums von zusammenhängenden Dokumenten in einer Datenbank vermitteln?! Es kann ja nicht einmal vermittelt werden, wenn ich zum Beispiel nicht die Originale vorgelegt bekomme, sondern die Sache nur im Film sehe.

Prof. Dr. Hartwig Walberg:
Vielen Dank. Ich wunderte mich schon zwanzig Minuten lang, daß es unangefochten im Raum steht, daß in Archiven, Bibliotheken und Dokumentationsstellen mit relationalen Datenbanken gearbeitet wird, die Referenztechnik benutzen, die Indexierungsverfahren benutzen und die Verschlagwortung benutzen. Das ist eigentlich etwas, was in Archiven, anders als Sie es gerade eben ja dargestellt haben, nicht üblich ist. Ich denke, daß wir hier doch Diskussionsbedarf haben. Es wäre schön, wenn Sie vielleicht den Mut hätten, das aus Ihrem Umfeld noch etwas stärker zum Tragen zu bringen, damit die Diskussion die unterschiedlichen Methoden, es ist ja von Methodenpluralismus auch gesprochen worden, nebeneinanderstellt.

Sie haben jetzt die Position des Provenienzprinzips hier noch einmal präsent gemacht, aber Herr Schockenhoff wollte etwas sagen.

Prof. Dr. Volker Schockenhoff:
Ich sage erst einmal etwas über mich vorweg, damit es hinterher nicht falsch verstanden wird. Ich bin ausgebildeter Historiker, ich weiß durchaus, was Provenienz bedeutet, ich weiß durchaus auch vor allen Dingen, was Provenienz

116

gerade im Hinblick auf vernünftige Quelleninterpretation bedeutet. Nur, Frau Schmid, was ich wirklich problematisch finde, ist, daß dieses Argument immer wieder von Archivseite eingebracht wird, um zu blocken. Wir müssen als Archivare lernen, daß wir den Benutzern nicht vorzuschreiben haben, mit welchen Ansprüchen sie an unsere Archive herankommen können. Es gibt eine ganze Reihe von Benutzungen, für die das Provenienzprinzip überhaupt nicht interessiert. Und das muß ich erst einmal zur Kenntnis nehmen, es ist so. Es gibt etliche Benutzungswünsche, die ganz anders geartet sind. Es wäre schön, wenn wir so weit wären wie die Bibliotheken und Benutzungsforschung betreiben würden, damit wir zuerst einmal sehen können, was unsere Benutzer überhaupt wollen. Ihr Argument blockt zunächst einmal. Ein konkretes Beispiel: Der Schülerwettbewerb Deutsche Geschichte arbeitet so, daß das Thema zunächst geheimgehalten wird, um gleiche Bearbeitungszeit für die Schüler zu schaffen. Das heißt, auf die Archive kommt in kurzer Zeit eine große Nachfrage zu – konkret zum Beispiel, es ist so geschehen, zum Thema „Armut oder Sozialwesen in Deutschland". Das heißt, es wird vom Kollegen Archivar verlangt, in zwei Tagen schnell einen Ausdruck zum Thema Armut zu machen. Ein traditionelles Archiv ist hier hoffnungslos überfordert. Wir hatten dazu hier eine Veranstaltung „Fortbildung zur Öffentlichkeitsarbeit", der Leiter des Kommunalarchivs Greven zeigte uns, was er inzwischen bieten konnte. Die Bestände sind 5 Jahre lang verzeichnet, also per EDV erfaßt, herausgekommen ist ein 20seitiges Papier, eine Mischung aus grauer Literatur, aus edierten Sachen, natürlich aus Quellen, Hinweise auf Einzelakten, Hinweise auf einzelne Urkunden. Genau das ist es, was der Kunde erst einmal wollte. Er wollte eine inhaltliche Übersicht zu dem, was das Archiv zu bieten hat. Und ihn interessierte nicht die Provenienz. Die interessiert ihn erst in einem zweiten Schritt, wenn es an die Auswertung des Materials geht.

Prof. Dr. Hartwig Walberg:
Wir haben nun zunächst direkt eine Entgegnung von Frau Schmid dazu und dann das Stadtarchiv Köln.

Dr. Irmtraud Schmid:
Es ging mir ja nicht ums Blocken, es ging mir nur um das Nicht-vergessen-Werden dieser Komponente. Ich glaube, wir sind nicht in dem Stadium wie vielleicht vor einigen Jahrzehnten, wo die Potsdamer Archivare durch die Straßen zogen und sangen: „Wir deutschen Archivare kämpfen für das Provenienzprinzip". Darüber sind wir wohl schon hinweg. Herr Beck wird sich des-

sen erinnern. Es geht nur um das Hinzufügen, um die eine Komponente, die eben auch insbesondere für die Auswertung nicht vergessen werden sollte.

Dr. Eberhard Illner:
Es geht nicht darum zu blocken, es geht um die Hilfestellung, die ein Benutzer bekommt, indem er Informationen bekommt ... Zusatzinformationen, in welchem Zusammenhang ein solches Schriftstück steht. Beispiel: eine Anfrage, die ich vor kurzem hatte, ein Schriftstück „Bernd-Alois Zimmermann" in einem Provenienzzusammenhang zu einer Künstlergalerie. Da war der Benutzer überaus dankbar, auch wirklich die danebenliegenden Dokumente und den gesamten Entstehungszusammenhang dieses Einzelschriftstückes, nach dem er gesucht hat, zu erfahren.

Dr. Jutta Weber:
Ich finde, das kann man so nicht sagen, nicht wahr: Wir führen den Benutzer in Ihre Institution, geben Sie dem Benutzer die Information, die Sie für richtig halten. Wenn Sie sie digital geben können, ist es wunderbar, wenn Sie sie nur mündlich geben können, muß der Benutzer zu Ihnen kommen. Es geht bei MALVINE um die Auffindbarkeit von Dokumenten. Wie weit die bei Ihnen weiter spezifiziert werden kann, ist wirklich die Angelegenheit Ihrer Institution. Und die wird so bleiben, wie sie bisher gewesen ist.

Herr Jordan:
Ich wollte kurz eine Frage zu den Benutzerwünschen stellen. Es ist ja so, daß man bei Nachlässen viel persönlicheren Umgang mit den Benutzern hat. Das wurde hier häufiger angesprochen. Ich möchte an alle Beteiligten, die einzelne Institutionen vertreten, die Frage stellen, wie sich bei Ihnen der Umgang mit den Benutzern und deren Wünschen gestaltet. Ich bin Student und habe keine Erfahrung damit. Ich arbeite nicht in einem solchen Institut. Es ist doch aber trotzdem wichtig, denn für die meisten Benutzer wird der Aufwand ja eigentlich betrieben.

Volker Kahl:
Das ist eine Fragestellung, die einen weiteren Tag erfordern würde. Wir versuchen am Ende des Jahres bestimmte Schwerpunkte herauszufiltern, Benutzeranalyse wäre ein zu hochtrabendes Wort. Es ist aber ganz merkwürdig, daß

118

wir in dem einen Jahr andere Schwerpunkte haben als im nächsten. Es gibt Wandlungen, die wir auch durch die Forschungslandschaft nicht ohne weiteres erklären können. Wir hatten einmal eine Phase, in der Nachlässe aus den 20er Jahren, der Charon-Kreis, eine ganz entlegene literarische Gruppierung, derartig häufig benutzt worden sind, daß wir mit Mühe die Materialien überhaupt bereitstellen konnten. Wir sind dann ein wenig davon abgekommen, auf diesen Benutzeranalysen Zukunftsplanungen aufzubauen, sondern haben mehr versucht, aus den Fragestellungen der einzelnen Fachwissenschaften, also der Kunstwissenschaft, der Literaturgeschichte, Konsequenzen herzuleiten und zu sagen: das wäre jetzt als zu bearbeitendes Feld in Aussicht zu nehmen und danach dann eine Priorität der Bearbeitung der Nachlässe abzuleiten, mit geringem Erfolg. Ich plädiere dafür, daß bei all diesen Dingen, die wir als Findhilfsmittel bereitstellen, soweit es geht, eine Unabhängigkeit von temporären Fragestellungen erreicht wird, denn Forschungsinteressen wandeln sich doch relativ rasch. Und Findhilfsmittel, die jetzt ganz speziell eine Fragestellung, eine bestimmte Denkrichtung bedienen, sind zwar in diesem Augenblick ideal, man erntet Anerkennung, aber sie sind für eine spätere Generation von Forschern vielleicht wenig hilfreich und dem in der Regel nicht geringen Aufwand steht ein eher bescheidener Nutzen für die Allgemeinheit gegenüber. Deswegen glaube ich schon, daß das Archiv sich auf eine möglichst umfassende Auskunftsfähigkeit vorbereiten soll. Wir sind zwar ein Kunstarchiv, doch wir haben zum Beispiel häufig Benutzer, die aus der Soziologie kommen, die an Kunst überhaupt nicht interessiert sind, aber wissen, daß in den Nachlässen bestimmte soziologische Daten enthalten sind, die in keiner offiziellen Statistik auftauchen. Man kann die Fülle der Fragestellungen im Grunde gar nicht voraussehen.

Prof. Dr. Hartwig Walberg:
War das soweit ausreichend oder möchten Sie noch weitere Auskünfte zur Benutzerstatistik in Archiven und Bibliotheken?

Herr Jordan:
Ja, eigentlich schon. Denn diese Antwort bezog sich darauf, was gefragt wird. Ich würde ganz konkret gerne wissen, wie der Umgang mit Benutzern ist und wie zufrieden sie mit dem waren, was sie bekommen haben. Denn man kann ja Fragen stellen und erhält dann vielleicht etwas ganz anderes oder nicht das, was man haben wollte.

Prof. Dr. Volker Schockenhoff:
Wenn Sie sich den letzten Aufsatz im „Archivar" angeschaut haben, war von Benutzerfreundlichkeit die Rede. Da ging es um Öffnungszeiten u.ä. Das ist das, was Archivare im Moment unter Benutzerfreundlichkeit verstehen.

Prof. Dr. Hartwig Walberg:
Bevor ich den Kollegen jetzt zur Ordnung rufen muß, werde ich noch einmal versuchen zu schlichten. Nein, ich denke, wir sollten zunächst die Liste abarbeiten. Als nächster hatte Herr Prof. Beck einen Beitrag.

Prof. Dr. Friedrich Beck:
Ich habe nur eine ganz kurze Frage. Im Verlauf der Tagung kam mehrfach der Hinweis, daß die Archivare auch ihre Bestände zu wahren, zu sichern hätten, denn das ist ja schließlich die Voraussetzung für die Erschließung und die anstehende Auswertung. Nun weiß ich natürlich als im Greisenalter Stehender, daß die Anzüge sehr schnell veralten und die Frühjahrskostüme der Ehefrauen sehr früh zu altern beginnen. Insofern meine Frage an Frau Waidenschlager: Papier vergilbt sehr schnell und verblaßt, und der Mottenfraß schreitet unweigerlich voran. Madame, wie halten Sie es mit Konservierung und Restaurierung?

Christine Waidenschlager:
Natürlich ergreifen wir für unsere Kostüme die entsprechenden Maßnahmen. Jede Institution, die Kostüme sammelt, hat ihre Geheimrezepte. Fakt ist, daß es ein sehr arbeitsintensiver Teil unserer Tätigkeit ist, der einmal im Jahr alle Kartons oder alle Schränke, alle Objekte erfaßt. Wir müssen alles durchsehen, und überall Mottenmittel, gleich ob giftig, ungiftig, Nelkenöl, was auch immer, einbringen oder, wenn es einen akuten Befall gibt, dann eben die Objekte in eine Desinfektionskammer bringen. Das ist das tägliche Brot, über das ich gar nicht mehr spreche.

Prof. Dr. Hartwig Walberg:
Ich würde ganz gerne auf zwei Dinge noch einmal zusammenfassend eingehen. Und zwar zunächst auf das Thema Methodenpluralismus und in dem Zusammenhang auch die Frage der Benutzerbefragung und der Benutzung ansprechen. Ich denke, daß wir Archive haben, in denen sicherlich die traditionellen,

120

archivisch und archivarisch transportierten Methoden nicht bis in die letzten Ecken der Bestände auch tatsächlich angewandt werden müssen, sondern daß es also durchaus auch sehr stark benutzte Bereiche gibt. Uns interessiert natürlich hier in der Lehre auch, wie weit wir diese bibliothekarischen, dokumentarischen und archivarischen Methoden zusammenführen dürfen und wo die Schmerzgrenze erreicht ist, wo die Erkenntnismöglichkeit aus einer bestimmten Methode dann verletzt wird. Konkret also die Frage der Anwendung des Provenienzprinzips, wo ist es sinnvoll, wo kann ich durchaus aus dem Erhalten gewachsener Zusammenhänge auch weitergehende Informationen ziehen? Das ist ja hier mit Beispielen belegt worden. Und wo macht das keinen Sinn? Darüber muß man sich in Archiven unterhalten und muß es zulassen, daß in den Bereichen, in denen es keinen Sinn macht, andere Methoden gültig sind. Die Anwendung eines solchen Prinzips spricht meiner Ansicht nach auch gar nicht einmal gegen die Anwendung von Datenbanken, weil es natürlich die Möglichkeit gibt, über Referenztechnik solche Zusammenhänge zu erhalten und auch darzustellen. Ich denke, daß wir noch eine ganze Menge an Arbeit vor uns haben, in die Archive hinein an dem Bewußtsein zu arbeiten und andersherum vielleicht auch den Bibliothekaren und Dokumentaren gegenüber zu zeigen, daß es eine Methode gibt, die es wert ist, in bestimmten Bereichen gepflegt zu werden. Das hängt sehr stark mit Ihrer Frage zur Benutzung zusammen. Benutzerstatistik war von Ihnen wohl nicht nur gemeint, sondern Sie wollten sicher wissen, das hatte ich mir hier auch als eine Frage notiert, welches Fachwissen ein Mitarbeiter in einer ABD-Stelle braucht, um die Erschließungsarbeit leisten zu können? Das wurde ja in dem Museumsbeitrag sehr deutlich. Ich hätte einen Anorak von einem Kostüm, aber niemals ein Cocktailkleid von einem Komplet-Kleid unterscheiden können. Es sind einfach Spezialkenntnisse erforderlich, die man sich erarbeiten muß. Ich würde es gerne sehen, wenn wir in dieser Richtung weiter diskutierten. Wo sind die Spezialkenntnisse eigentlich? Können wir in der Ausbildung, können Sie als Archivare, Bibliothekare, Dokumentare, Museumsleute wirklich mit einem Grundstock an technologischem Wissen vielleicht, an Basiswissen, auskommen, und alles andere holen Sie sich von Fachleuten? Von den Archäologen oder von einem Kostümkundler oder in einem staatlichen Archiv von einem Verwaltungshistoriker? Bis wohin soll denn nun ausgebildet werden und ab wo fängt eigentlich das Spezialwissen an? Dazu würde ich gerne noch einmal die Diskussion eröffnen.

Britta Weschke:
Das ist ein schöner Anknüpfungspunkt, um noch einmal darauf hinzuweisen, daß an der Humboldt-Universität das Institut für Bibliothekswissenschaft abge-

schafft werden soll, bis zum Jahre 2 000 wahrscheinlich. Wir haben dort eine Ausbildung genossen, die den Bibliotheks- und Informationsbereich und außerdem dazu ein bestimmtes Fachgebiet abgedeckt hat. Das heißt also, daß ich jetzt im Kleist-Museum angestellt worden bin, hat etwas damit zu tun, daß ich auch Germanistik studiert habe, also daß hier das Fachwissen mit dem Informationsbereich gekoppelt war und ich die inhaltliche Erschließung auch machen kann. Das ist vielleicht bei Diplomstudiengängen, die sich mehr mit den formalen Erschließungsmethoden beschäftigen, einfach noch nicht berücksichtigt worden. Es wäre aber wünschenswert, gerade wenn diese Magisterstudiengänge, die wir absolviert haben, irgendwann in naher Zukunft nicht mehr vorhanden sein sollten, daß man dann den Lehrplan für das Diplom auch umgestaltet, indem man noch einmal Methoden der Wissenschaftslehre vertiefend anbietet.

Christine Waidenschlager:
Vielleicht noch von meiner Sicht als diejenige, die eigentlich gerne einen ausgebildeten Archivar zusätzlich zum Mitarbeiter hätte: Ich glaube, daß sich jeder diese Fachterminologie, die für unseren Bereich nötig ist, durchaus im nachhinein in Zusammenarbeit mit dem Fachwissenschaftler aneignen kann, das ist überhaupt kein Problem. Und ich denke, die heutige Zeit ist so, daß man möglichst flexibel sein muß und sich im Studium sehr weitgefächert orientieren muß. Ich würde eher meinen, daß man sich viele Möglichkeiten offenhalten und sich nicht zu früh spezialisieren sollte.

Dr. Eberhard Illner:
Wenn man eine intensive, fachlich korrekte Verzeichnung eines hochwertigen Nachlasses durchführen soll, ist es unabdingbar, Fachwissen zu haben. Wir in Köln haben ausgesprochene Fachwissenschaftler in den einzelnen Fachbereichen: Musikwissenschaftler, Kunsthistoriker, Literaturwissenschaftler, und seitdem wir jetzt ein Architekturarchiv haben, auch einen Diplomarchitekten. Es wäre vermessen, von einem Archivar, Dokumentar oder Bibliothekar zu verlangen, die Entstehungsstufen von Architektenentwürfen im einzelnen nachvollziehen zu können, um ein entsprechendes Findbuch zu machen. Ich glaube, es ist besser, und so wird zum Beispiel auch der Weg in Hamburg im Staatsarchiv beschritten, daß man die Verwahrer des Archivs wirklich mit den archivischen Aufgaben befaßt, der Bewahrung, der Verwaltung, und daß man die fachliche Verzeichnungsarbeit, die Fachwissen voraussetzt, in enger Kooperation mit dem Verwahrer und Verwalter durch eine entsprechende fachwissenschaftliche Kraft ausführen läßt.

Ich weise auch noch darauf hin, daß der Aspekt der Akquisition von Nachlässen im Grunde genommen auch über diese Fachwissenschaftler läuft. Wir
haben etliche Literaturarchive von Autoren bekommen, indem wir einfach
über den Kontakt mit Literaturwissenschaftlern diese Archive in das Historische Archiv der Stadt Köln einbringen konnten. Das hätte ein Archivar alleine
nie geschafft.

Prof. Dr. Hartwig Walberg:
Dazu würde ich gerne ganz kurz einen Satz sagen, weil ich mich auch in meiner kommunalarchivarischen Vergangenheit angesprochen fühle: Für ein großes Archiv ist das sicherlich realisierbar, aber viele unserer AbsolventInnen
werden in Archive gehen wie z.B. das Stadtarchiv Senftenberg. Dort sind Sie
dann Alleinkämpfer, dort kann man froh sein, wenn es überhaupt eine BAT-
Stelle zwei Stufen unter der üblichen Besoldung gibt. Das ist die Realität heute
in vielen kleineren Archiven und auch in Dokumentationsstellen. Je größer
das Archiv wird, desto leichter ist natürlich ein solches Postulat auch zu erfüllen. Die Frage ist nur, für welche Bereiche wir ausbilden. Wir müssen natürlich sehen, daß sowohl für eine so große Einheit als auch für kleine, in denen
die sog. Einzelkämpfer tätig sind, ausgebildet wird.

Dr. Sigrid von Moisy:
Ich möchte noch einmal auf diese Frage von seiten einer großen Bibliothek
eingehen, die universell sammelt. Ich bin die Leiterin des Nachlaß-Referates,
und wir sammeln wirklich Nachlässe aus allen Bereichen, aus künstlerischen,
gelehrten Nachlässen jeglicher Couleur. Wir haben nicht soviel Personal, daß
wir für alles eine spezielle Fachkraft einstellen könnten. Das heißt, es wird
sehr vieles von den ausgebildeten Bibliothekaren aus allen möglichen Fachbereichen katalogisiert. Und das kann mal ein Komponisten-Nachlaß sein, im
nächsten halben Jahr der Nachlaß eines Germanisten oder Naturwissenschaft-
lers. Es gibt in jedem Nachlaß sehr viele Materialien, die nach formalen Krite-
rien bearbeitet werden können, was durchaus ein wissenschaftlicher Bibliothekar oder ein Bibliothekar des gehobenen Dienstes bearbeiten kann. Der aller-
größte Teil der Nachlässe unseres Hauses wird von unserem Stammpersonal
katalogisiert, ganz gleich, welche Fachrichtung es ist. Es gibt natürlich immer
Nachlässe, bei denen sich herausstellt, daß man wirklich Fachkenntnisse
braucht. Solche Nachlässe stellt man dann zurück, sieht entweder zu, daß man
mit eigenen Hausmitteln eine Kraft bekommt, die aus diesem Gebiet kommt,
oder man stellt einen DFG-Projektantrag und erhält dann die Fachkraft, die

man im eigenen Hause nicht hat. Aber das Gros der Nachlässe wird nach bibliothekarischen Gesichtspunkten katalogisiert von dem Stammpersonal, das man hat. Insofern keine spezielle Ausbildung!

Prof. Dr. Botho Brachmann:
Ich glaube, es besteht schon Einmütigkeit darüber, Herr Kahl hat es beantwortet, daß Benutzerwünsche nicht prognostisch für Erschließungstätigkeiten herangezogen werden können. Diese lineare Progression wird zweifellos zum Mißerfolg führen. Sie haben das richtig dargestellt. Mir fiel dabei ein, daß die Staatliche Archivverwaltung es vor 30 Jahren mit Benutzerkatalogen probiert hatte. Der erste war noch allgemein zugänglich, die anderen wurden schon sekretiert, man hatte also die Überlegung, daß man durch die Kenntnis der Benutzung schon Erschließung programmieren könnte. Auch in der Fachzeitschrift wurde über Benutzerbedarf meditiert. Das kann für uns kein Ansatzpunkt für Erschließung sein. Deshalb meine Frage, die Analyse der Benutzerwünsche setzt voraus, daß die Benutzer schon wissen, was sie wollen. Das fällt ihnen aber meistens erst hinterher ein, und man hat sich dann bereits festgelegt.

Kollege Schockenhoff, ich glaube, wir müssen, was die Terminologie angeht, doch noch einmal eine Verständigung herbeiführen. Das Provenienzprinzip – und Kollege Schmid und seine Frau werden mir als Autoren der OVG zustimmen – ist auch ein Prinzip der Bestandsbildung und Bestandsabgrenzung. Und innerhalb dieses Prinzips sind wir für Methodenpluralismus immer offen gewesen. Ob das jetzt die Dinge sind, die darin geschildert werden, oder ob es bibliothekarische oder dokumentarische Methoden sind, der Archivar hat sie integriert. Und weil heute früh gesagt wurde, daß es noch keine Fachtagung gab, möchte ich doch erwähnen, daß 1994 die Dokumentare das Thema „Addition, Separation und Integration in Archiven, Bibliotheken und Dokumentationsstellen" hatten, das war schon ein Ansatzpunkt. Und mit dem, was dort angeboten wurde, bin ich voll einverstanden, aber bei Wahrung der Selbständigkeit. Und wenn Kollege Knüppel heute sagte, in zehn Jahren werden wir unsere Berufe nicht wiedererkennen, würde ich ihm nicht zustimmen. Aufgrund der Masse dessen – es sind tausende Tonnen –, was in den Archiven liegt, wird es auch weiterhin den Archivar geben, den wir reproduzieren müssen, um diese Dinge zu erschließen, bei aller Öffnung zur Integration. Ich bin offen, aber ich würde sagen – und die Diskussion bestätigt das eigentlich auch von den Nachlässen her –, daß in zehn Jahren der Archivar immer noch genauso aussieht wie heute und daß man mit archivarischen Methoden, unter Einbeziehung dokumentarischer und bibliothekarischer, erschließen kann. Bestandsbildung und Bestandsabgrenzung wird in Marburg, Kollege

Schockenhoff, auch oft verwechselt. Es wird als Erschließungsprinzip bezeichnet. Da haben wir auf der nächsten Ebene andere Prinzipien angewendet. Und insofern ist das Provenienzprinzip auch noch als Forschungsprinzip zu sehen. Wir haben im OVG den § 111 Abs. 1 „Der Archivar führt heran, er umschreibt den Inhalt, er interpretiert ihn nicht". Deswegen brauche ich auch nicht Fachmann für Notenhandschriften o.ä. zu sein. Wenn ich es kann, ist es gut, aber ich kann immer noch nicht interpretieren. Die Verantwortung für Interpretation liegt beim Nutzer. Das wollte ich noch einmal betonen.

Prof. Dr. Volker Schockenhoff
Herr Kollege Brachmann, auch wenn ich nicht auf der Rednerliste stehe, aber Sie haben mich direkt angesprochen: Ich sage jetzt nur einmal zwei ketzerische Sätze, unbenommen der Definition, das Provenienzprinzip ist natürlich gerade im Bereich Bestandsabgrenzung entscheidend, das lassen wir so stehen. Aber das Provenienzprinzip hat nicht unbedingt etwas mit Erschließung zu tun. Und wir nehmen natürlich Rücksicht auf Benutzerwünsche, wir machen z.B. sachthematische Inventare. Und ich kann mir Themen vorstellen, bei denen ich keine traditionelle Erschließung gemacht habe, bei denen also die Bestandsabgrenzung einfach nur physisch erfolgt ist, aber die Erschließung ganz anders läuft.

Prof. Dr. Hartwig Walberg:
Das war jetzt zum Schluß eine sehr lebhafte Diskussion, allerdings unter den Archivaren, das hatte ich nicht erwartet. Es zeigt aber doch, daß es noch erheblichen Klärungsbedarf gibt. Ich würde mich selbst auch noch einmal gerne mit einer kurzen Bemerkung einbringen: Die OVG werden natürlich nach wie vor benutzt, das weiß ich auch, aber es gibt auch weitergehende Modelle, wenn ich an die internationalen Verzeichnungsgrundsätze denke, die der ICA herausgegeben hat. Dort ist ja auch von mehrstufiger Verzeichnung die Rede, die Möglichkeit also geboten, auf unterschiedlichen Verzeichnungsstufen zu sagen, ich befinde mich auf der Ebene des Bestandes und beschreibe ihn nur grob. Oder ich befinde mich auf der Ebene der einzelnen Verzeichnungseinheit oder vielleicht sogar des Einzelblattes oder Photos. Darüber muß weiter nachgedacht werden. Ihr Plädoyer steht im Raum. Ich denke, das sollte auch weiter diskutiert werden. Wir sollten auch bedenken, bis wohin der Methodenpluralismus seine Gültigkeit haben soll und ab wo Methodenvielfalt eventuell den Benutzer auch behindern kann. Wir sind sicherlich nicht am Ende heute, wohl mit der Zeit, aber nicht mit der Diskussion.

Ich würde gerne damit die Diskussion, noch nicht ganz die Veranstaltung, beenden mit einem Hinweis: hier sind heute viele Anwesende mit Nachlässen und Nachlaßerschließung beschäftigt in den verschiedenen Einrichtungen. Hier gäbe es eigentlich die Möglichkeit, nicht mit dem heutigen Tag auseinanderzugehen und nie wieder weiter daran zu arbeiten. Die Möglichkeiten, sich über listserv oder e-mail-Adressen auszutauschen, dürften vermutlich nicht alle in gleicher Weise haben, so daß zumindest in einer Übergangsphase noch konventionelle Begegnungen stattfinden könnten. Ich rege das an. Es war eine Idee, die Frau Jank vorhin mir gegenüber äußerte, einen informellen Austausch der Nachlaßbearbeiter in dieser Region Berlin-Brandenburg anzuregen. Wie institutionalisieren wir das, Frau Jank? Sollen wir eine Liste herumgeben? Aber wir haben ja eine Adressenliste.

Prof. Dr. Dagmar Jank:
Ich will mich jetzt nicht gleich wieder anbieten, ich habe ja die Tagung organisiert. Ich rege aber an, daß man sich an Frau Weber wendet – nicht als Organisatorin einer nächsten Tagung –, wenn sie bereit ist. In zweijährigem Abstand wäre ich bereit, Tagungen zu organisieren. Es wäre also ganz gut, wenn zwischenzeitlich der Kontakt zwischen Ihnen nicht abbräche. Wir haben ja diverse Publikationsorgane, es wird sicherlich auch Tagungsberichte geben und vielleicht auch noch einige Reaktionen. Den Kontakt, der in den nächsten beiden Jahren laufen sollte, kann ich nicht leisten, das kann auch die Fachhochschule nicht. Die FH könnte sich bereit erklären, in zwei Jahren wieder einzuladen. Und wenn ich wieder so ein tolles Team habe wie in diesem Jahr, würde ich es auch wieder organisieren. Dann wird man sehen, ob die dritte Tagung vielleicht woanders stattfindet. Das wäre mein Angebot. Ansonsten bitte ich um Anregungen Ihrerseits, wie man zum Beispiel zwischenzeitlich den Kontakt hält, ob jemand bereit ist, sich als „Clearingstelle" zur Verfügung zu stellen usw.

Dr. Jutta Weber:
Ich bin grundsätzlich immer zu allem sehr gerne bereit. Das Problem ist nur, wenn ich mich auf diese Region hier konzentriere, dann werden die anderen Regionen ganz furchtbar neidisch werden, und deshalb möchte ich die Zentralkartei lieber in diesem über den Regionen stehenden Bereich lassen. Aber es ist ganz sicher so, daß im Rahmen dessen, was wir in nächster Zeit in der Staatsbibliothek vorhaben, auch innerhalb von MALVINE Kolloquien stattfinden werden. Das ist Bestandteil des Projekts, und der Austausch mit Adressenlisten mit Ihnen ist ganz sicher eine sehr gute Idee.

Prof. Dr. Dagmar Jank:
Ich denke, das ist eine Anregung, daß wir, wenn Sie einverstanden sind, unsere Datenbank Frau Weber zur Verfügung stellen, und sie könnte Sie dann informieren, wenn Kolloquien stattfinden. Vielleicht ergibt sich auf diese Weise auch zwischenzeitlich ein Kontakt.

Prof. Dr. Hartwig Walberg:
Ich darf mich zum Abschluß bei allen ReferentInnen bedanken für Ihre Vorträge. Ich darf mich bei den TeilnehmerInnen bedanken, daß Sie so lange ausgeharrt haben und daß Sie Herrn Beck dabei ein würdiges nachträgliches Geburtstagsgeschenk bereitet haben. Ich komme jetzt noch dem Wunsch von Herrn Beck nach, der gerne zum Abschluß ein Wort an Sie richten möchte.

Prof. Dr. Friedrich Beck:
Meine sehr verehrten Damen, meine Herren, liebe Kolleginnen und Kollegen, liebe Kommilitoninnen und Kommilitonen, ich möchte noch ein kurzes Wort des Dankes sagen, das in erster Linie den Veranstaltern gilt, dem Rector magnificus, er ist leider aus dienstlichen Gründen nicht anwesend, der die Veranstaltung von Anfang an fördernd und unterstützend begleitet hat, ein Wort des Dankes an die Spektabilitäten, die mich während meiner Lehrtätigkeit hier an der Fachhochschule mit begleitet haben, an Herrn Prof. Schuler, der eine Laudatio des Überschwanges gehalten hat. Ich warne alle Jüngeren unter uns: Man muß sich überlegen, was man im Laufe eines Lebens verbrochen und versäumt hat, es kommt dann zu Tage, also hüten Sie sich. Als langjähriger Herausgeber einer Schriftenreihe würde ich natürlich 30 Prozent davon ohne weiteres streichen.

Ein weiterer Dank an Frau Jank, die die Initiatorin der Tagung ist, die die Idee seit langem geboren und mit weiblichem Charme und entsprechender Durchsetzungsfähigkeit weiter verfolgt hat. Meine liebe Frau ist vielleicht so freundlich, Frau Jank einige Blümchen als kleines Dankeschön zu übergeben, wenn sie auch nicht dem monumentalen Strauß gleichen, der mir überreicht wurde.

Ein Dank an den zur Zeit amtierenden Dekan, Herrn Walberg, der von Anfang an die Tagung begleitend und unterstützend mit verfolgt hat, und natürlich einen ganz speziellen Dank an alle Vortragenden, an alle Referenten des Tages und alle Sprecher in der Diskussion, die dem Ganzen die nötige Würze gegeben haben, das gehört ja zu einer solchen Veranstaltung.

Ich freue mich ganz besonders – und jetzt schweift ein alter Herr sicherlich etwas ab –, daß bei dieser Tagung sich Archivare, Dokumentare und Bibliothekare zusammengefunden haben. Wenn ich mich an meine Anfänge erinnere, dann war das nicht immer so. Es gab in den 50er Jahren erhebliche Streitgespräche zwischen den Archiven in Potsdam und der Staatsbibliothek-Ost in Berlin, bei denen es um die Fragen der Nachlaßerschließung ging. Sie wurden auf archivarischer Seite geführt von Willy Flach, dem Archivdirektor in Weimar, und Heinrich Otto Meisner, die Namen werden vielleicht bekannt sein, auf bibliothekarischer Seite agierten Horst Kunze, Direktor der Staatsbibliothek, Roloff, später Teitge. Es ging darum, daß die Archivare von den Bibliothekaren angegriffen wurden, sie würden ja nur darauf bestehen, daß Nachlässe nach archivarischen Methoden verzeichnet werden sollen aus bekannter Raffgier. Die Archivare warfen demgegenüber den Bibliothekaren vor, sie würden durch ihre Katalogisierungsmethoden zur Atomisierung der Nachlässe beitragen und schließlich nur noch Autographensammlungen dabei herauskommen lassen. Man hat sich aber dann geeinigt – nach den Empfehlungen des bekannten Wilhelm Dilthey, die Ende des vergangenen Jahrhunderts bereits zur Debatte standen, und hat verstärkt Literaturarchive gegründet – ich freue mich, daß wir heute Vertreter dieser Literaturarchive hier unter uns haben – bei den Bibliotheken als selbständige Institutionen und bei den Museen. Frau Franke hat das heute eindringlich vorgeführt, ich betrachte ja als Literaturarchiv auch die Nachlaßverwahrung in einem Museum. Das waren meine ersten Kenntnisse der Theorie über die Nachlässe.

Ich wurde dann als junger Archivar sehr schnell in der Praxis mit einer Nachlaßverzeichnung konfrontiert. Es handelte sich um die Ihnen sicher bekannte historische Persönlichkeit des Fürsten Hermann von Pückler-Muskau, dessen Nachlaß zu erschließen war. Nun das Erschließen war das zweite, das erste war erst einmal die Nachlaßbildung als solche. Nach den Kriegswirren waren nämlich die übriggebliebenen Reste auf fünf Institutionen und vier Privatpersonen verteilt worden. Das letzte galt vor allen Dingen für die Korrespondenzen. Nach mühseliger Bearbeitung konnte das Ganze zusammengestellt werden. Ich habe an dieser Persönlichkeit sehr viel gelernt und bin eigentlich immer bereit gewesen, diesem Vorbild nachzueifern, einmal in der Landschaftsgärtnerei, zum anderen in seinen literarischen Vorhaben und vor allem auch in seinen Gourmet- und Gourmand-Kenntnissen, von den amourösen Abenteuern gar nicht zu sprechen.

Ein Findbuch im Landeshauptarchiv gibt darüber Auskunft, was mir damals gelungen oder nicht gelungen ist, in der Bestandsübersicht ist es auch nachzuschlagen. Ein kleiner Gag am Rande: ein ganz besonderes Bildungserlebnis hatte ich dabei, daß ich die Deszendenz der Fürsten Pückler feststellen konnte. Es fand sich nämlich ein altes, würdiges Pergament: „gefunden in einer Schetula vom 16. Jahrhundert", und darin wurde in einer sehr alten Handschrift, sie war sogar karolingisch, glaube ich, nachgewiesen, daß die Fürsten Pückler von dem Markgrafen Rüdiger von Bechelaren abstammen, in sprachlicher Entwicklung: Bechelaren, Böchelaren, Pöchelaren Pöchlarn, Pöcklarn, Pücklarn, Pückler und da waren sie also. Sie werden aber verstehen, daß es mir nach der historischen Wende etwas schwer ankam, als plötzlich ein Brief erschien, in dem gefordert wurde, doch möglichst schnell den Nachfahren der Familie Pückler mitzuteilen, wieviel Kubikmeter der Nachlaß umfasse, man wolle ihn mit einem Lkw abholen. Inzwischen ist es aber nach Einsicht in die Findbücher und die Ordnung des Bestandes und die Restaurierung – das Manuskript über Landschaftsgärtnerei war völlig verkohlt, es ist mit hohen Kosten wiederhergestellt worden –, Herrn Neitmann gelungen, doch zu depositarischen Kompromissen zu kommen, so daß hoffentlich dieser Nachlaß in seiner Gesamtheit nicht in Branitz, in Muskau und an anderen Stellen ausgestellt und eventuell wieder zerpflückt wird.

Wenn ich nun die Kenntnisse, die ich heute durch die Tagung gewonnen habe, schon bei dieser Erschließungsarbeit gehabt hätte, wäre mir manches leichter geworden. Aber nun kann ich versprechen, daß ich sie anwenden werde, um den eigenen Nachlaß – pardon –, die eigene persönliche Registratur oder das eigene Schriftgut zu erschließen, denn mit dem Nachlaß möchte ich doch noch etwas warten. Zu gegebener Zeit kann man das sicher verwenden. Ich darf dazu den schon genannten Heinrich Otto Meisner zitieren: In seiner Archivalienkunde schreibt er „ ... verwandelt sich die Privatregistratur des Registraturbildners erst nach dessen Tode in seinen schriftlichen Nachlaß". Damit bin ich gern einverstanden. Er empfiehlt weiter, daß die Nachlässe keine res commercium werden sollen. Damit bin ich auch einverstanden, es sei denn meine Frau nagt einmal nach mir am Hungertuch, was hoffentlich nicht eintreten wird. Und ich bin auch damit einverstanden, daß dieser Nachlaß, wie er schreibt, „ ... einem Läuterungsprozeß mit dem Ziele der Archivwürdigkeit unterzogen wird". Ich werde also Herrn Neitmann schon alle Doppelüberlieferungen durch Einzelblattkassationen etc. entfernen. Ich würde mir aber vorbehalten, eventuelle amouröse Beck'sche Notizen aus den frühen Jugendjahren noch für 30 Jahre zu sperren.

Meisner sagt dann auch, der Nachlaß darf aber angereichert werden. Ich bin gerne bereit, das zu tun, dafür gibt die heutige Tagung ja auch Anlaß. Die vielen Geburtstagsgeschenke werden Sie dann wohlverwahrt im Nachlaß Beck finden.

Ich hoffe natürlich auch sehr, daß die angedeutete Drucklegung der heutigen Beiträge eventuell Aufnahme in diesen Nachlaß findet, so daß wir eine Sicherung haben sowohl in mehreren Bibliotheken, in einem Archiv und natürlich auch im Internet. Ich danke Ihnen.

Bibliographie Friedrich Beck

Archivwesen

Herausgeber der „Veröffentlichungen des Brandenburgischen Landeshauptarchivs (zeitweise Staatsarchivs) Potsdam". Band 1-30, Weimar 1958-1993, Band 31-35 (1997) mit Klaus Neitmann (darin: Historisches Ortslexikon für Brandenburg, Teil I-X; Bibliographie zur Geschichte der Mark Brandenburg, Teil I-V; Quellenpublikationen „Aus geheimen Archiven" 1851-1918 und andere aus den Beständen des Landeshauptarchivs)

Zur Geschichte des Brandenburgischen Provinzialarchivs und heutigen Landeshauptarchivs in Potsdam. In: Archivmitteilungen 8 (1958), 2-14

Brandenburgisches Landeshauptarchiv Potsdam. In: Archivmitteilungen 9 (1959), 153-158

Bestandsbildung und Bestandsabgrenzung im Brandenburgischen Landeshauptarchiv Potsdam. In: Archivmitteilungen 14 (1964), 53-61

Übersicht über die Bestände des Brandenburgischen Landeshauptarchivs (Mitautor). Teil I und II. Weimar 1964 und 1967

Archivführer Staatsarchiv Potsdam. 1970 und 1983

Das Archivwesen der Parteien und gesellschaftlichen Organisationen. In: Taschenbuch Archivwesen der DDR. Berlin 1971, 129-140

Staatsarchiv Potsdam 1949-1974. In: Archivmitteilungen 24 (1974), 180-184

30 Jahre staatliches Archivwesen der DDR. In: Archivmitteilungen 29 (1979), 171-177

Progressive Traditionen der Archivgeschichte und Probleme der Rezeption des Erbes. In: Archivmitteilungen 32 (1982), 207-208

Neuerwerbung des Staatsarchivs Potsdam. Urkundenabschriften des Nonnenklosters Prenzlau. In: Archivmitteilungen 32 (1982), 150

Archivwesen der DDR. Theorie und Praxis (Mitautor). Berlin 1984

40 Jahre Staatsarchiv Potsdam. Entwicklung-Ergebnisse-Perspektiven. In: Archivmitteilungen 39 (1989), 115-118

Habent sua fata - acta et diplomata. In: Archivmitteilungen 39 (1989), 175-177

Veröffentlichungen des Brandenburgischen Landeshauptarchivs 1958-1993. In: Brandenburgische Archive 2 (1993), 14-16

Paläographie. In: Einführung in das Studium der Geschichte. 1. und 2. Aufl. Berlin 1966, 438-447; 3. Aufl. 1979, 250-259, 4. Aufl. 1986, 250-259
Artikel zu den Historischen Hilfswissenschaften. In: Lexikon Archivwesen der DDR. Berlin 1976 und 2. Aufl. Berlin 1977
Zur Herausbildung der gotischen Kursive im Gebiet der deutschen Ostexpansion. In: Jahrbuch für Geschichte des Feudalismus 2 (1978), 101-118
Zur Herausbildung der deutschen Schreibschrift, insbesondere ihrer kursiven Formen im Gebiet ostdeutscher Territorialstaaten im 16. Jahrhundert. In: Jahrbuch für Geschichte des Feudalismus 7 (1983), 265-286
Persönliche Schriften im Umfeld der frühbürgerlichen Revolution. Die Handschrift Luthers, Müntzers, Zwinglis und Melanchthons. Ein paläographischer Vergleich. In: Jahrbuch für Geschichte des Feudalismus 13 (1989), 84-131
Die „Deutsche Schrift" - Medium in fünf Jahrhunderten deutscher Geschichte. In: Archiv für Diplomatik, Schriftgeschichte, Siegel- und Wappenkunde 37 (1991), 453-479
Herausgeber mit Eckart Henning: Die archivalischen Quellen. Eine Einführung in ihre Benutzung. Weimar 1. und 2. Aufl. 1994
Schrift. In: Die archivalischen Quellen. Eine Einführung in ihre Benutzung. Hrsg. von Friedrich Beck und Eckart Henning. Weimar 1994, 163-206
Amtsbücher. Berlin 1994 (Lehrmaterialien für die Fernstudienbrückenkurse der Fachhochschule Potsdam. Studiengang Archivwesen)
Pergamente als Einbände und Buchbindermaterial. Einzelschicksale brandenburgischer Urkunden. In: Brandenburgische Landesgeschichte und Archivwissenschaft. Festschrift für Lieselott Enders zum 70. Geburtstag. Hrsg. von Friedrich Beck und Klaus Neitmann. Weimar 1997, 439-456

Quellenpublikationen/Editionen

Archivalische Quellennachweise zur Geschichte der deutschen Arbeiterbewegung. Bd. 3, Brandenburgisches Landeshauptarchiv, Teile I-IV. Potsdam 1963 und 1970
Archivalische Quellen zur Frühgeschichte der Arbeiterbewegung aus dem Brandenburgischen Landeshauptarchiv. In: Aus der Frühgeschichte der deutschen Arbeiterbewegung. Berlin 1964, 286-307
„... mit Brief und Siegel" (Koautor Manfred Unger). Leipzig 1979

Aus tausend Jahren deutscher Geschichte. Dokumente aus Archiven der Deutschen Demokratischen Republik (Koautoren Reiner Groß und Manfred Unger). Berlin 1989

Zur Geschichte des Nonnenklosters in Prenzlau und seiner Überlieferung (Koautorin Lieselott Enders). In: Jahrbuch für Geschichte des Feudalismus 8 (1984), 158-190

Archive und archivalische Quellenlage in den neuen Bundesländern zur zeitgeschichtlichen Forschung. In: Der Archivar 44 (1991), Sp. 411-428

Dokumente aus geheimen Archiven. Bd. 5: Die Polizeikonferenzen deutscher Staaten 1851-1866. Präliminardokumente, Protokolle und Anlagen (Koautor Walter Schmidt). Weimar 1993

Gottesgnadentum und Nationalrepräsentation. Unveröffentlichte Handschreiben König Friedrich Wilhelms IV. von Preußen an den Innenminister Graf Adolf Heinrich von Arnim-Boitzenburg. In: Jahrbuch für Brandenburgische Landesgeschichte 46 (1995), 129-139

Verwaltungsgeschichte

Zur Entstehung der zentralen Landesfinanzbehörde im ernestinischen Sachsen im 16. und 17. Jahrhundert. In: Archivar und Historiker. Studien zur Archiv- und Geschichtswissenschaft. Zum 65. Geburtstag von Heinrich Otto Meisner. Berlin 1956, 288-307

Die kommunalständischen Verhältnisse der Provinz Brandenburg in neuerer Zeit. In: Heimatkunde und Landesgeschichte. Zum 65. Geburtstag von Rudolf Lehmann. Hrsg. von Friedrich Beck. Weimar 1958, 106-134

Die Entwicklung der Provinzial- und Landesverwaltungen in der Sowjetischen Besatzungszone Deutschlands. In: Befreiung und Neubeginn. Zur Stellung des 8. Mai 1945 in der deutschen Geschichte. Wiss. Redaktion: Bernhard Weißel. Berlin 1968, 198-209

Das Land Brandenburg 1946-1952. In: Fünf Jahre Bundesland Brandenburg. Potsdam 1996, 91-105

Die brandenburgischen Provinzialstände 1823-1875. In: Geschichte des brandenburgischen Landtages von 1823 bis zur Gegenwart. Hrsg. von Kurt Adamy und Kristina Hübener (Brandenburgische Historische Studien, hrsg. von der Brandenburgischen Historischen Kommission, 3) Potsdam 1998

Landes- und Ortsgeschichte

Die wirtschaftliche Entwicklung in der Stadt Greiz während des 19. Jahrhunderts. Ein Beitrag zur Industrialisierung in Deutschland. Weimar 1955
Die Anfänge der Kaufmannschaft in der Stadt Greiz. In: Forschungen zur thüringischen Landesgeschichte. Festschrift für Friedrich Schneider. Weimar 1958, 273-294
Das Handels- und Verlagshaus Breuning und die erste bürgerliche Gartenanlage in Greiz im 18. Jahrhundert. In: Thüringische Forschungen. Festschrift für Hans Eberhardt zum 85. Geburtstag am 25. September 1993. Hrsg. von Michael Gockel und Volker Wahl. Köln, Wien 1993, 255-271
Liutizen - Heveller - Askanier. Brandenburg im frühen und hohen Mittelalter. In: Brandenburg - Rheinland - Westfalen. Historische Dokumente einer wechselseitigen Beziehung. Düsseldorf, Potsdam 1993, 15-18
Quellen zur brandenburgischen Landesgeschichte. In: Brandenburgische Geschichte. Hrsg. von Ingo Materna und Wolfgang Ribbe. Berlin 1995, 801-824
Herausgeber mit Klaus Neitmann: Brandenburgische Landesgeschichte und Archivwissenschaft. Festschrift für Lieselott Enders zum 70. Geburtstag. Weimar 1997
Der „Greizer Leineweberkrieg" im Jahre 1867. In: Greizer Heimatkalender 1997, 75-81
Revolutionstage in Greiz im Jahre 1848. In: Greizer Heimatkalender 1998
Brandenburgische Historische Kommission. In: Jahrbuch für Brandenburgische Landesgeschichte 48 (1997)

Rezensionen

Beiträge zur Geschichte der Stadt Erfurt. In: Archivmitteilungen 7 (1957), 155
Erfurt. Aus der Vergangenheit der Stadt. In: Archivmitteilungen 7 (1957), 155
Jahrbuch des Kreismuseums Hohenleuben-Reichenfels 1951-1956. In: Archivmitteilungen 7 (1957), 155
Rudolstädter Heimathefte. In: Archivmitteilungen 7 (1957), 155
Heribert Sturm: Unsere Schrift. In: Archivmitteilungen 13 (1963), 120
Heinrich Sproemberg: Mittelalter und demokratische Geschichtsschreibung. In: Archivmitteilungen 22 (1972), 80
Herbert Ewe: Schiffe auf Siegeln. In: Archivmitteilungen 23 (1973), 239-240
Mecklenburgisches Urkundenbuch XXV, Nachtrag II. Reihe: 1235-1400. In: Archivmitteilungen 30 (1980), 153-154

Urban Wyß: Ein schön Cantzleysch Tittelbuch in reden und schreyben nach Rettorischer ardt, 1553. In: Archivmitteilungen 31 (1981), 77

Alma mater Jenensis. Geschichte der Universität Jena. In: Archivmitteilungen 35 (1985), 74-75

Urkundenbuch zur Geschichte des Städtewesens in Mittel- und Niederdeutschland bis 1350. In: Jahrbuch für Regionalgeschichte 15 (1988), 374-375

Die Bestände des Sächsischen Hauptstaatsarchivs und seiner Außenstellen Bautzen, Chemnitz und Freiberg. In: Der Archivar 49 (1996), Sp. 119-120

Die Bestände der Landesarchive des Landes Sachsen-Anhalt 1945-1952. In: Der Archivar 49 (1996), Sp. 712

Archivwesen in Thüringen. Rechtsgrundlagen - Kommentare - Empfehlungen. In: Der Archivar 50 (1997)

Wegweiser durch die Historischen Archive Thüringens. In: Der Archivar 50 (1997)

Gedenken und Nachrufe

Helmut Lötzke 1920-1984 (Direktor des Deutschen Zentralarchivs). In: Archivmitteilungen 35 (1985), 70

Friedrich Lorenz Schmidt 1886-1970 (Stadtarchivar von Zeulenroda). Gedenken zum 100. Geburtstag. In: Archivmitteilungen 36 (1986), 40

Erinnerungen an Leiva Petersen 1912-1992. Köln, Wien, Weimar 1993

In memoriam Dr. Rudolf Lehmann. Historiker und Archivar der Niederlausitz. In: Lübbener Heimatkalender 1998

Die Referentinnen / Referenten und Diskussions-teilnehmerinnen / Diskussionsteilnehmer

Peter Borchardt M.A., Zentral- und Landesbibliothek Berlin

Prof. Dr. Botho Brachmann, ehemals Humboldt-Universität Berlin, Lehrstuhl für Archivwissenschaft

Gisa Franke, Staatliche Museen zu Berlin-Preußischer Kulturbesitz, Archiv der Antikensammlung

Dr. Harriet Harnisch, Brandenburgisches Landeshauptarchiv Potsdam

Wolfgang Hempel, ehemals Leiter der Hauptabteilung „Dokumentation und Archive" des Südwestfunks in Baden-Baden

Dr. Eberhard Illner, Historisches Archiv der Stadt Köln

Prof. Dr. Dagmar Jank, Fachhochschule Potsdam, FB Archiv-Bibliothek-Dokumentation

Herr Jordan, Institut für Bibliothekswissenschaft, Humboldt-Universität Berlin

Volker Kahl, Stiftung Archiv der Akademie der Künste Berlin

Prof. Dr. Helmut Knüppel, FH Potsdam

Dr. Sigrid von Moisy, Bayerische Staatsbibliothek München

Prof. Dr. Gerhard Schmid, ehemals Goethe- und Schiller-Archiv Weimar

Dr. Irmtraud Schmid, ehemals Goethe- und Schiller-Archiv Weimar

Prof. Dr. Volker Schockenhoff, Fachhochschule Potsdam, FB Archiv-Bibliothek-Dokumentation

Prof. Dr. Peter-Johannes Schuler, Fachhochschule Potsdam, FB Archiv-Bibliothek-Dokumentation

Dr. Friedrich Seck, Universitätsbibliothek Tübingen

Roswitha Ulrich, Wilhelm-Fraenger-Archiv Potsdam

Christine Waidenschlager M.A., Stiftung Stadtmuseum Berlin

Prof. Dr. Hartwig Walberg, Fachhochschule Potsdam, FB Archiv-Bibliothek-Dokumentation

Dr. Jutta Weber, Staatsbibliothek zu Berlin-Preußischer Kulturbesitz

Petra Weckel M.A., Wilhelm-Fraenger-Archiv Potsdam

Britta Weschke, Kleist-Gedenk- und Forschungsstätte Frankfurt (Oder)